Henri-Marcel MAGNE

L'ENSEIGNEMENT

DE

L'ART

APPLIQUÉ AUX MÉTIERS

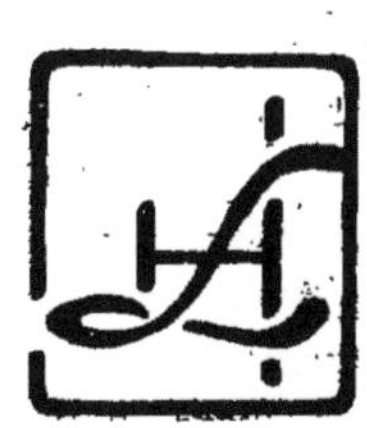

L'ENSEIGNEMENT

DE

L'ART APPLIQUÉ AUX MÉTIERS

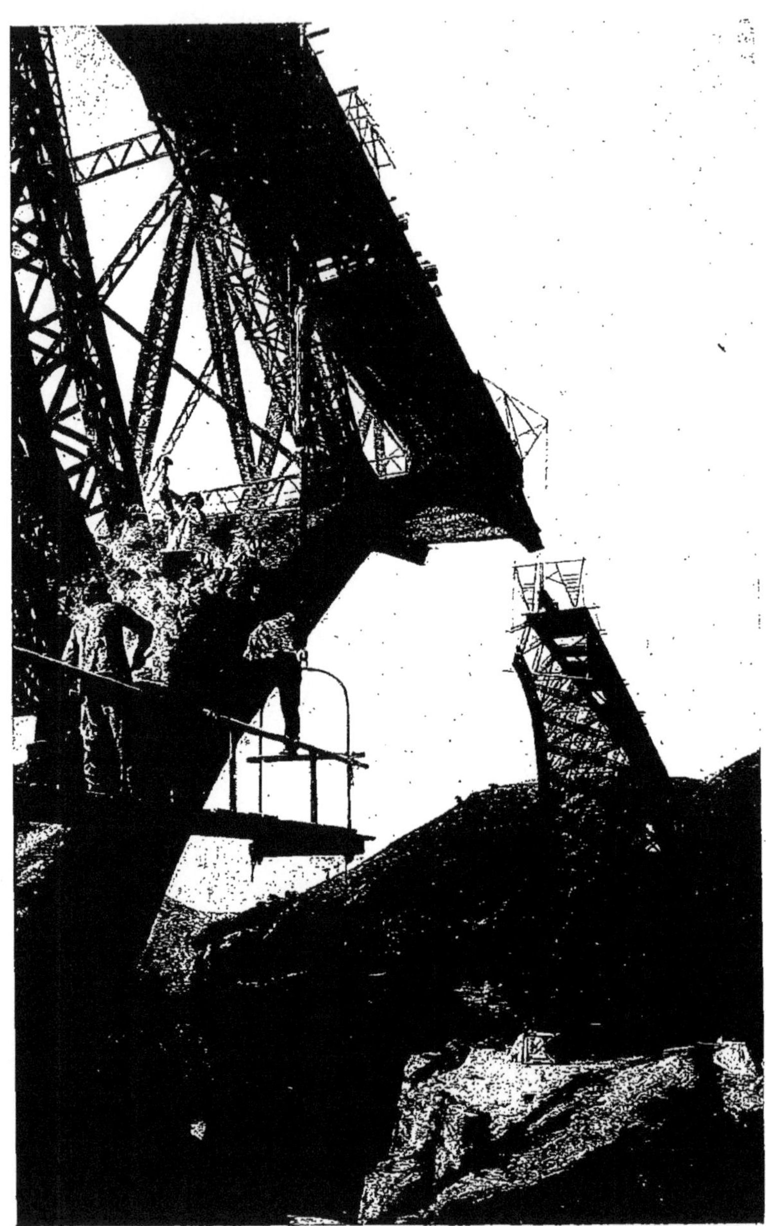

Construction d'un viaduc.

L'ENSEIGNEMENT

DE

L'ART

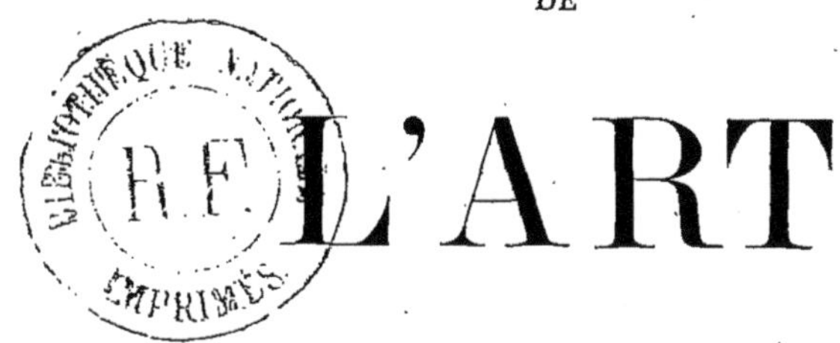

APPLIQUÉ AUX MÉTIERS

PAR

Henri-Marcel MAGNE

ARCHITECTE ET PEINTRE
PROFESSEUR SUPPLÉANT AU CONSERVATOIRE NATIONAL DES ARTS ET MÉTIERS
CONSERVATEUR DES OBJETS MOBILIERS CLASSÉS DU DÉPARTEMENT DE LA SEINE

PARIS

HENRI LAURENS, ÉDITEUR

6, RUE DE TOURNON, 6

1918

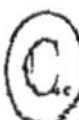

A LA MÉMOIRE

DE MON PÈRE

PRINCIPES D'ENSEIGNEMENT

LES INDUSTRIES D'ART

La sûreté de goût dont témoignèrent, dès le xıᵉ siècle et jusqu'au début du xıxᵉ, les objets mobiliers fabriqués en France, a contribué, autant et plus encore peut-être que la perfection de notre architecture, à assurer la prééminence artistique de notre pays.

Si l'art admirable de nos monuments a fait école au delà de nos frontières, la renommée à l'étranger des émaux de Limoges, des livres imprimés à Paris ou à Lyon, des faïences de Rouen ou de Nevers, des dentelles d'Argentan, d'Alençon, de Valenciennes ou de Chantilly, des tapisseries des Gobelins, de Beauvais ou d'Aubusson, des soieries lyonnaises, a été l'une des sources de notre richesse.

Il est nécessaire que nos industries d'art continuent à alimenter cette source, car un pays qui, comme le nôtre, possède une main-d'œuvre restreinte et ne produit pas en surabondance, au point d'en pouvoir faire une exportation considérable, les matières extraites du sol ou les fruits de la terre, doit compter, pour développer son commerce, sur la supériorité de ses objets fabriqués, recherchés par les autres nations.

C'est sur ce terrain que, depuis 1871, l'Allemagne s'est efforcée de nous supplanter dans le monde, et même dans notre propre pays ; c'est sur ce terrain que nous la vaincrons demain, en appliquant aux produits de nos industries d'art les qualités d'invention, de mesure et d'harmonie dans la composition, de finesse et de souplesse dans l'exécution, qui ont fait jadis leur réputation universelle.

Nos industries d'art avaient perdu peu à peu ces qualités depuis l'époque de la Révolution, où l'abolition des corporations avait détruit la transmission de savoir assurée jusque là, de génération en génération, par l'enseignement corporatif.

En même temps, on avait cru élever l'art en en faisant quelque chose d'abstrait d'où la technique était exclue, comme d'ordre inférieur.

L'initiative créatrice s'engourdit : on fit des compositions dans les styles anciens, ce qui ne peut être qu'un anachronisme. Quelques artistes, comme Labrouste, dans la salle de lecture de la Bibliothèque Nationale, comme Duban, dans le vestibule de l'École des Beaux-Arts, montrèrent par leurs œuvres ce que vaut l'emploi logique et sincère des matériaux ; mais cette tendance ne fut pas généralisée, et le mépris de la technique conduisit à une confusion complète des procédés : on composa, pour être exécutées en fonte, des formes de grilles ou de balcons à jour qui eussent exigé l'emploi du fer forgé, ou l'on traduisit en fonte des formes de balustres de pierre. Ne sachant pas utiliser une matière dans un sens artistique, on préféra la cacher : c'est ainsi qu'on emprisonna sous le plâtre les poutres des planchers, et qu'on habilla de staff le fer, comme si l'on craignait de le laisser paraître.

Le mépris de la technique fut aussi funeste à l'exécution des œuvres qu'à leur composition : les ouvriers désapprirent leurs métiers ; ils n'en connurent plus ni les ressources ni les limites. La beauté de l'exécution n'étant plus en honneur, le rôle de l'ouvrier se trouva déprécié, alors qu'il aurait fallu le maintenir d'autant plus haut que le travail mécanique lui faisait nécessairement du tort. La loi de 1851 sur les contrats d'apprentissage ne suffit pas à remplacer les corporations abolies, car l'usage du contrat verbal se développa et n'offrit plus aucune garantie pour l'apprentissage.

Ainsi s'est trouvé perdu le sentiment généralisé de l'art qui avait caractérisé toutes les belles époques, l'Égypte ou la Grèce antiques comme la France du xiiie ou du xviiie siècle, où les manifestations de l'art se rencontraient dans les plus belles œuvres de la statuaire comme dans les plus modestes objets.

L'art qui, comme toutes les productions de l'intelligence humaine, doit élever le niveau moral d'une nation, est devenu inaccessible à la foule pour être le privilège d'une élite, et un préjugé s'est répandu qui a consisté à confondre l'art et le luxe.

Il faut aujourd'hui détruire ces idées fausses et réagir contre la conception abstraite de l'art.

Nous devons profiter des conditions favorables que présente notre époque pour une rénovation de l'art, répondant à des besoins nouveaux ; dans tous les domaines, aucun siècle n'a vu d'aussi profondes transformations que les changements dont sont témoins celui qui vient de finir et celui qui commence.

Au point de vue de la matière, l'emploi, dans une forme et dans des proportions inconnues jusqu'alors, du fer et de l'acier, l'usage des matériaux agglomérés, ont donné des solutions nouvelles et hardies de problèmes qu'on n'eût même pas cru possible de résoudre, auparavant.

L'invention de la vapeur, de l'électricité a modifié tous les moyens de transport, nécessitant des formes nouvelles ; le mode d'éclairage, le mode de chauffage des habitations ont été complètement renouvelés.

Les artistes doivent s'éprendre de toutes ces inventions. Suivant l'exemple des techniciens qui, cherchant avant tout des solutions logiques et un emploi rationnel de la matière, ont créé des formes qui souvent sont, par elles-mêmes, des solutions d'art, les artistes doivent imaginer des expressions neuves pour ces moyens nouveaux, et retrouver la faculté et le courage de créer.

Ce courage, cette audace même, tous nos devanciers nous les montrent dans les monuments qu'ils nous ont légués.

Il n'est rien de plus audacieux que les piliers vertigineux de nos cathédrales, soutenant les voûtes qui reposent sur des murs ajourés comme une lanterne, et dont les poussées se reportent par la dentelle de pierre des arcs-boutants.

Il n'est rien de plus audacieux que la composition de nos verrières du XIIIe siècle, aux personnages surhumains, dont la dimension apparaît grâce aux proportions, ramenées à l'échelle humaine, de l'ornementation florale ou des personnages secondaires qui les accompagnent.

Il n'est rien de plus audacieux que la création, de toutes pièces, d'un ensemble décoratif comme le Parc de Versailles.

Cette audace, sans laquelle il n'y a pas de création artistique, l'artiste ne peut l'avoir que si une éducation solide lui donne une conception large et saine de l'art.

L'ART

Toute œuvre humaine répond à une idée ou à un besoin.

Pour sa réalisation, l'homme choisit une matière.

Si l'idée est parfaitement exprimée, si l'objet répond parfaitement à son usage sans qu'on puisse rien y ajouter ni rien en retrancher, si la matière est parfaitement employée, ces qualités de perfection font que l'œuvre est une œuvre d'art.

L'ENSEIGNEMENT DE L'ART

L'Enseignement du Conservatoire des Arts et Métiers doit fixer ces principes directeurs : ils s'appliqueront à la fois à l'enseignement de la composition artistique, qui apprendra aux artistes les moyens de créer de belles œuvres, à l'enseignement technique, qui donnera aux artisans la perfection de l'exécution, et à l'enseignement du goût, qui procurera au public la satisfaction d'aimer les belles choses et le désir de s'en entourer, au lieu de se laisser séduire par de grossières productions étrangères, indignes du goût français.

Cet enseignement devra s'appuyer sur les bases solides qui ont jadis fait la force de nos industries d'art : la tradition, la nature et la technique : il fera pénétrer chez l'élève le sentiment d'art des œuvres passées, qui sont belles lorsqu'elles sont le reflet fidèle de leur temps ; il lui apprendra les ressources infinies que la nature offre à l'inspiration de ses œuvres, que la matière présente pour leur réalisation.

L'ÉTUDE DE LA NATURE

La nature, qui est la meilleure éducatrice du goût, nous fournit l'inspiration des formes concrètes qui répondent aux programmes élaborés par notre cerveau, en mettant sous nos yeux les souplesses des êtres animés et des plantes, les formes géométriques qui caractérisent certaines transformations minérales.

Elle nous enseigne ses lois d'harmonie : lois d'équilibre, de proportion, de contraste, qui assurent la beauté et la durée de ses œuvres.

Pour l'équilibre, elle réalise la stabilité des êtres par le nombre et la forme de leurs membres ; la divergence des racines, la répartition des branches des arbres autour du tronc remplissent les mêmes conditions pour les végétaux.

Pour les proportions, elle nous indique les rapports de longueur et de grosseur des membres avec le corps suivant leurs différentes fonctions.

Pour les contrastes, elle nous montre, dans les êtres comme dans les choses, les formes grandes et simples faisant opposition avec l'échelle plus fine des organes dont l'action est plus restreinte et plus précise.

Elle nous dicte ses principes de structure, dans le renforcement des tiges principales aux jonctions des tiges secondaires, dans le réseau des nervures qui maintiennent la surface des feuilles.

La nature nous fait voir l'importance des silhouettes comme celle des arbres, s'il s'agit d'œuvres dans l'espace, des contours, s'il s'agit de décoration de surface telle qu'en forment les fleurs émaillant nos prairies ou les feuilles de lierre courant sur le tronc des arbres.

Elle nous dit les oppositions de valeurs par le relief, dans l'admirable construction des terrains, par la couleur, dans la magie de nos ciels.

Enfin, c'est dans la nature que nous trouvons l'émotion d'art, que nous transmettons à ceux qui regardent nos œuvres.

L'ÉTUDE DE LA TRADITION

L'étude des monuments anciens apparaît comme le moyen de vérifier sur les œuvres de nos devanciers ces lois naturelles d'harmonie qui doivent régner sur l'art.

La tradition nous fait profiter de l'expérience du passé et nous permet de progresser.

Pour que l'étude des œuvres anciennes porte ses fruits, elle doit s'appliquer aux arts de tous les pays et de tous les temps.

S'il est regrettable que, pendant longtemps, on ait méconnu le génie de nos artistes du moyen-âge, il n'est pas moins fâcheux de voir que des admirateurs de nos cathédrales aient pu nier la beauté de notre art du xviie et du xviiie siècle.

Ce sont les relations ininterrompues des Grecs avec l'Orient, ce sont les connaissances que nos artistes du moyen-âge ont eues de l'art antique, de l'art byzantin, de l'art arabe, de l'art persan grâce à la présence des monuments antérieurs, à l'exportation d'objets de provenance éloignée, ou aux expéditions lointaines, qui permirent aux uns et aux autres de s'élever jusqu'au plus haut degré de l'art.

Le but des œuvres ayant toujours été de les approprier à l'homme, n'a pas changé, mais les moyens d'y atteindre ont varié.

C'est en étudiant cette variation à travers les siècles et les peuples que l'esprit d'initiative se développe, sans s'attacher à telle ou telle forme qui correspondait à une idée ou à un moyen déterminé.

Si, par exemple, l'on passe en revue les appareils d'éclairage, depuis les lampes antiques à l'huile, depuis les porte-torches, les couronnes et bras de lumières du Moyen-âge et de la Renaissance, jusqu'aux lustres et aux appliques du xviiie siècle, ces dernières formes apparaissent comme aussi désuètes en vue de l'éclairage électrique qu'une lampe antique. Ce qui reste dans le souvenir, c'est qu'à toute époque, on a su trouver l'expression qui convenait au mode de lumière employé, et on ne saurait dès lors concevoir qu'on pût mettre aujourd'hui une ampoule électrique, simulant une flamme, en haut d'une fausse bougie de porcelaine, dans une applique Louis XVI.

L'étude critique. — Les formes. — Les formules.

A chaque époque, il y a eu des artistes supérieurs dont l'imagination géniale a su trouver la solution des problèmes qui se présentaient ; si l'art a atteint, dès les époques les plus reculées, à son apogée, on ne saurait prétendre que le secret en soit perdu, alors que de si grandes œuvres ont été créées de notre temps : Phidias n'eût pas désavoué Rude.

Mais, à chaque époque, il y a eu des artistes moins doués qui ont subi l'influence de ces maîtres, les ont copiés et ont, de la forme originale trouvée, fait une formule banale.

Dès l'antiquité, les qualités de souplesse et de finesse qui, au Parthénon, s'appliquent à la plantation du monument, à l'inclinaison des colonnes, au rapprochement et au grossissement des supports d'angle, au profil des chapiteaux, échappèrent à ceux qui crurent prouver leur admiration pour cet art parfait en le réduisant en formules, à l'aide de la règle et du compas.

L'enseignement doit signaler les erreurs passées et ne doit pas craindre d'être critique : une admiration sans contrôle de toutes les œuvres serait, pour la formation du goût, aussi vaine qu'un mépris systématique.

Ainsi l'on peut professer une admiration sans réserve pour les vases grecs qui présentent une recherche constante de formes simples concordant avec le mode de fabrication du tournage, dont les anses sont bien attachées par rapport au centre de gravité, dont le décor très sobre ne détruit pas la courbe. Tout est à sa place, et il n'y a rien de trop ; si un motif sculpté intervient, c'est pour donner une richesse nécessaire à un point précis. Ce sont là des œuvres qui satisfont l'œil et la raison, ce sont des modèles de goût.

Telle faïence de Nevers, au contraire, présente une surcharge d'ornements, au mépris des proportions et de la commodité.

C'est d'ailleurs un défaut commun aux œuvres médiocres que l'abus des applications de la figure ou de la faune.

L'artiste égyptien ou grec qui faisait d'une petite figure le manche ou le pied d'un miroir, animait, d'une manière charmante, un objet usuel, en soutenant l'ampleur du disque uni par la délicatesse d'un support très orné.

Quant l'art grec en décadence ou l'art romain donnait à la panse d'un vase la forme d'une tête humaine, il faisait preuve d'un goût médiocre.

Si l'on compare de même le guéridon Louis XVI du Petit Trianon (fig. 1), souple, bien proportionné, léger, fin de lignes, au lourd guéridon Empire du Grand Trianon (fig. 2), la complication des motifs de ce dernier, les femmes à ailes d'oiseau dont les corps sortent sans logique et sans grâce d'un pied d'animal, le grand vase appuyé sur une lourde tablette pleine ne le rendent pas supérieur au premier.

Ainsi apparaît, sur les œuvres passées, cette différence essentielle à faire entre l'art et le luxe, qui montre que souvent le luxe est l'ennemi de l'art.

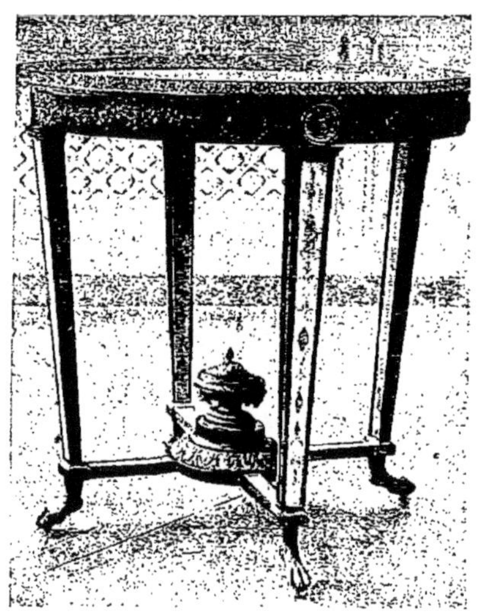

Fig. 1. — Guéridon Louis XVI.
(Petit Trianon).

L'étude d'analyse.

C'est en analysant les œuvres qu'on peut les comprendre, les juger et en tirer un enseignement.

L'analyse portera sur les conditions qu'imposait le programme, sur l'utilisation que l'artiste fit de la matière, sur la structure résultant de l'adaptation de la matière au programme.

Elle doit encore porter sur le choix du décor ; c'est à étudier le thème choisi qu'on saisit pourquoi il fut choisi : ce n'est pas par l'effet du hasard ou d'une fantaisie que les attributs d'Apollon se trouvent dans les motifs décoratifs du château de Versailles.

Elle portera enfin sur l'emploi de ce décor ; c'est une des plus belles leçons que nous donnent les œuvres parfaites, que le choix discret et judicieux de l'emplacement du décor.

Rien ne peut mieux nous préserver de l'imitation servile que l'étude analytique : en nous faisant pénétrer l'œuvre ancienne, elle nous en dégage parce qu'elle nous montre que le programme ne nous convient plus, que la technique s'est modifiée et que de là résultent pour notre œuvre une composition et une structure nouvelles. De même, le décor nous apparaissant comme lié à l'œuvre, nous n'aurons plus la tenta-

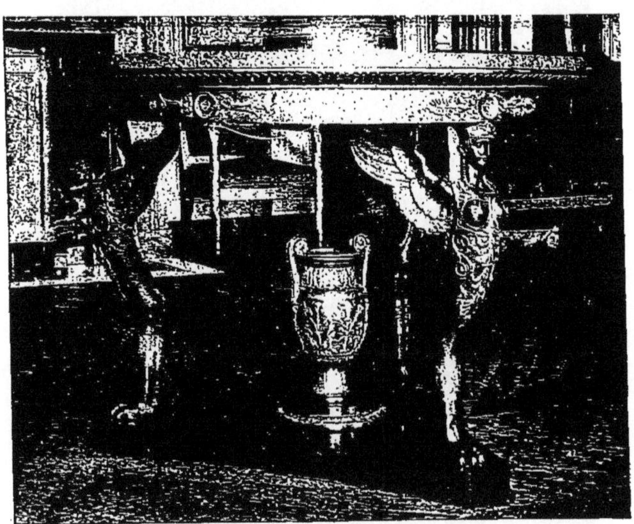

Fig. 2. — Guéridon I⁰ʳ Empire (Grand Trianon).

tion de copier des formes qui ne correspondent plus à nos besoins ni à nos idées.

L'ÉTUDE DE LA TECHNIQUE

La parfaite connaissance de la technique est aussi indispensable à la composition de l'œuvre qu'à son exécution.

La composition doit prévoir la réalisation dans une matière préalablement choisie : il faut savoir demander à la matière tout ce qu'elle peut donner, mais ne pas en exiger davantage.

En multipliant les difficultés d'exécution, on augmente le prix de revient d'un objet de manière que sa vente soit impossible ; or ce serait une erreur que de croire que les virtuosités coûteuses d'exécution, au mépris des exigences commerciales de fabrication, soient indispensables ou même utiles à l'art ; c'est le plus souvent quand les formes sont prévues pour un emploi simple et rationnel de la matière qu'elles sont artistiques.

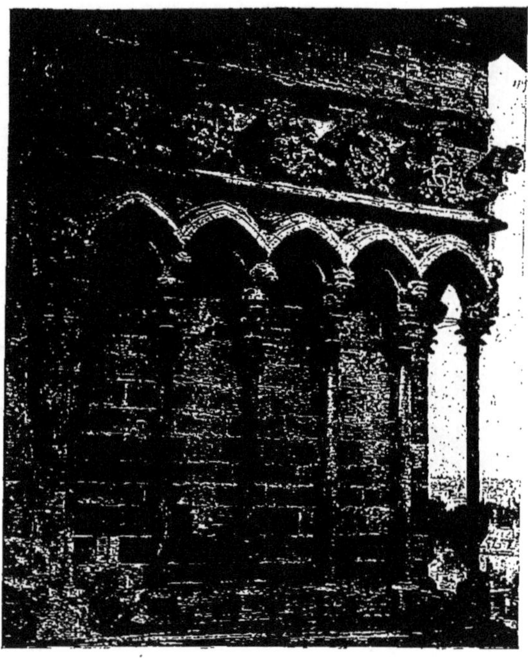

Fig. 3. — Couronnement d'une tour.
(Église Notre-Dame, à Dijon).

Dans les belles œuvres passées, on sut toujours adapter une composition à une matière.

Même lorsque, d'un élément d'architecture construite comme les arcatures de pierre usitées au moyen-âge (fig. 3), le ferronnier, le peintre, le tapissier ou le verrier tirèrent des motifs pour leurs compositions, ils surent les traduire en concordance avec la technique de leur métier : le ferronnier étirait et soudait de fines nervures qui faisaient saillie sur un fond de fer battu et repercé, formant un dessin

léger qui correspondait à la résistance du métal ; le peintre ou le tapissier imaginait une architecture irréelle dont les délicatesses enrichissaient le fond sur lequel se déta-
chaient les figures (fig. 4) ; le
verrier tirait parti des tons de
verres et de la mise en plombs
pour traduire conventionnelle-
ment, par transparence, un
motif qui ne prétendait pas à
copier de l'architecture réelle
(fig. 5).

Quand, au xviiie siècle, Nico-
las Flambard ou Lamour décoraient magnifiquement par leurs
grilles le chœur de l'église
Saint-Ouen à Rouen (fig. 6) ou
les entrées de la place Stanislas,
à Nancy, ils interprétaient les
ordonnances alors en honneur,
en traduisant sans aucune lourdeur, par leurs contours exté-
rieurs, les pilastres, les chapiteaux, les entablements.

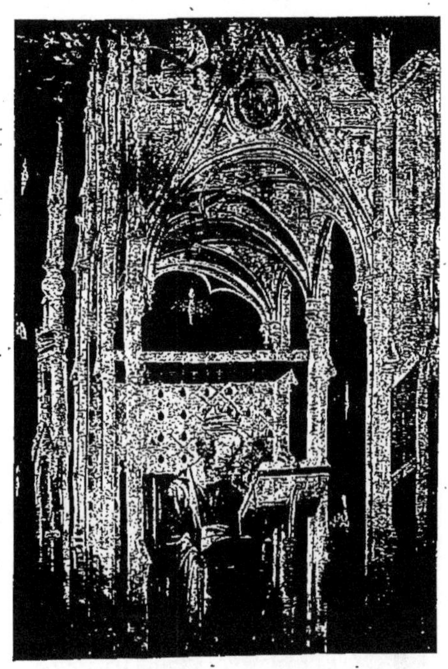

Fig. 4. — Tapisserie de l'Apocalypse.
(Cathédrale d'Angers).

Ce sont là des leçons aussi
utiles à l'artisan qu'à l'artiste, afin que, dans l'exécution, « l'artisan
domine son œuvre au lieu d'être dominé par elle ».

LA COMPOSITION MODERNE

Programme. — Matière. — Structure. — Décor.

Ayant étudié les lois qui régissent les œuvres de la nature, ayant
vérifié ces lois sur les œuvres des anciens, nous étant pénétrés du rôle
que joue la matière dans la composition et l'exécution de ces œuvres,
nous serons en mesure d'aborder les programmes modernes.

Il serait aussi stérile de chercher à rénover l'art par une nouvelle formule que d'en copier d'anciennes : la formule nouvelle serait vite plus vieille que les formules les plus désuètes. Aussi l'on ne saurait trop lutter contre l'influence étrangère qui a prétendu inventer des procédés de composition infaillibles par l'assemblage d'éléments géométriques, de lignes brisées ou courbes, par la répartition de points circulaires ou carrés.

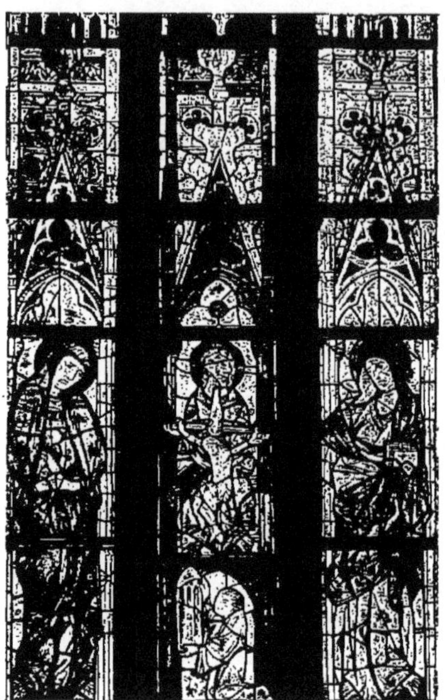

Fig. 5. — Vitraux du xive siècle
(Église d'Évron. Mayenne).

L'art est beaucoup plus sensible que ces formules : elles ont détruit, dès l'antiquité romaine, l'initiative créatrice, elles seraient aussi néfastes aujourd'hui.

Les méthodes que nous appliquons à l'étude des œuvres passées nous dirigeront pour la composition des œuvres modernes.

Nous nous pénétrerons du programme, nous nous en ferons une idée complète, afin de lui faire dire tout ce qu'il doit dire, et simple, afin d'en extraire la raison dominante et de ne pas chercher à exprimer plusieurs idées à la fois.

Nous choisirons une matière, et dès lors la composition se trouvera liée à l'exécution ; il arrive souvent que, pour un même programme, plusieurs matières puissent être indifféremment adoptées ; mais, une fois le choix fait, la composition doit être étudiée en vue des qualités de la matière choisie.

C'est de la possibilité de réaliser notre programme par cette matière que naîtra la structure. Toutes les œuvres sont construites : même celles qui appartiennent à la décoration plane et semblent échapper à cette loi ont, comme les étoffes, une structure de chaînes et de trames, de points noués ou coupés.

La structure est l'ossature de l'œuvre, elle lui est aussi particulière que le squelette est spécial à chaque genre d'animal ; elle ne peut être créée que par la raison et ne saurait être inspirée directement de la nature : lorsque, récemment, des artistes novateurs crurent possible

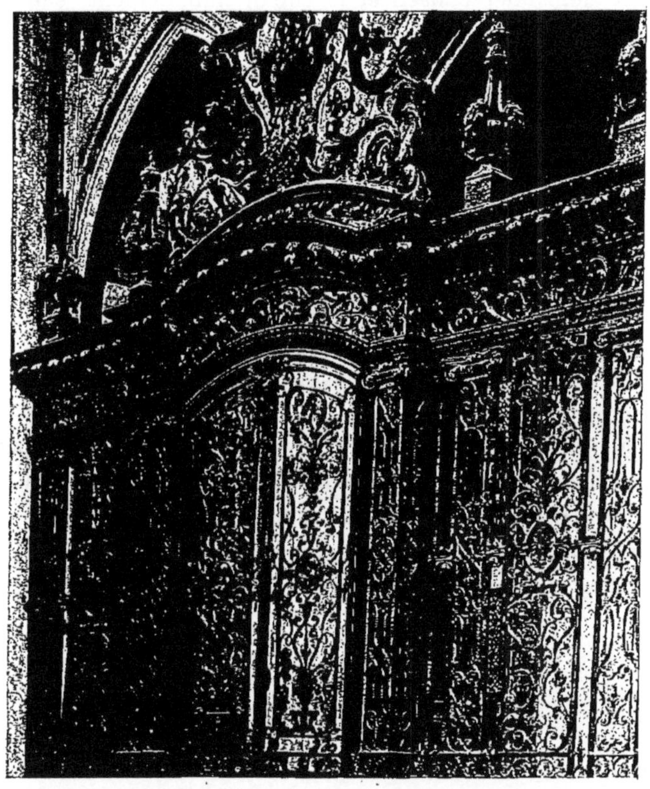

Fig. 6. — Grille en fer forgé
(Chœur de l'Église Saint-Ouen, à Rouen).

de tirer des tiges attachées au sol l'élément de structure des pieds d'un meuble, ils commirent une erreur plus grave encore que ne l'avaient commise ceux qui, dans l'antiquité, s'étaient inspirés pour le même usage des membres d'animaux : ceux-ci offraient du moins, par leur mobilité, une apparence de raison pour cette utilisation. La structure d'un meuble n'est pas celle d'une plante, et une tige flexible qui ne porte, dans la nature, que des feuilles et des fleurs, n'est pas faite pour soutenir les traverses ou les tablettes d'un meuble.

Pour le choix du décor, la nature est, au contraire, la source inépuisable, pourvu qu'on la consulte avec intelligence et avec respect : il faut lui demander conseil et la copier humblement, sans avoir la prétention de la « styliser ».

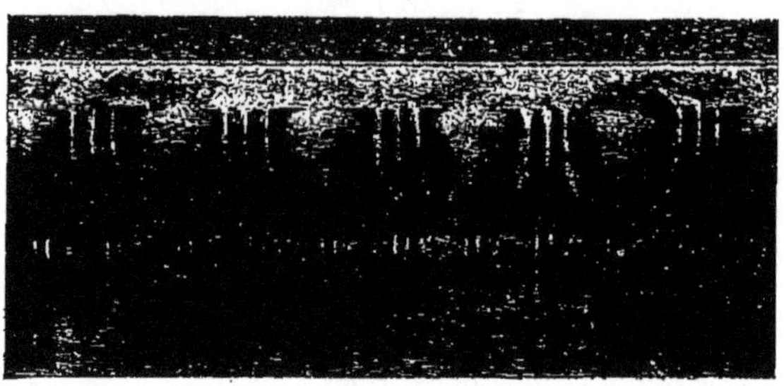

Fig. 7. — Oves de l'entablement de l'Erechteion.

Nous appliquerons le décor à la structure selon les principes que la nature et la belle tradition nous enseignent. Le décor n'est pas une adjonction, c'est le développement normal d'une forme, l'enrichissement d'un point déterminé par la construction même ; cette richesse aura d'autant plus de valeur qu'elle fera contraste avec la simplicité des parties environnantes.

LE STYLE

L'originalité provient de l'adaptation juste d'une composition à un programme, et le style ne se décrète pas : il vient de lui-même.

Le style ne consiste pas en une formule cent fois répétée : c'est au contraire quand la forme devient une formule que le style s'appauvrit.

Si l'on prend un motif très connu, comme l'ove, il n'est caractéristique ni de l'art grec, ni de l'art romain, ni de l'art de la Renaissance : il n'en est qu'un élément assez pauvre, plus pauvre sans doute dans la forme abâtardie de notre sculpture de la fin du xvıe siècle que dans le motif gras et souple qu'il formait à l'Erechtheion (fig. 7) ; mais là

-même, il n'était que la traduction par le relief de l'ornement peint sur le bord des plats rhodiens (fig. 8) ; et, sur ces plats, il n'est autre que la déformation de l'alternance du bouton de lotus et de la fleur ouverte.

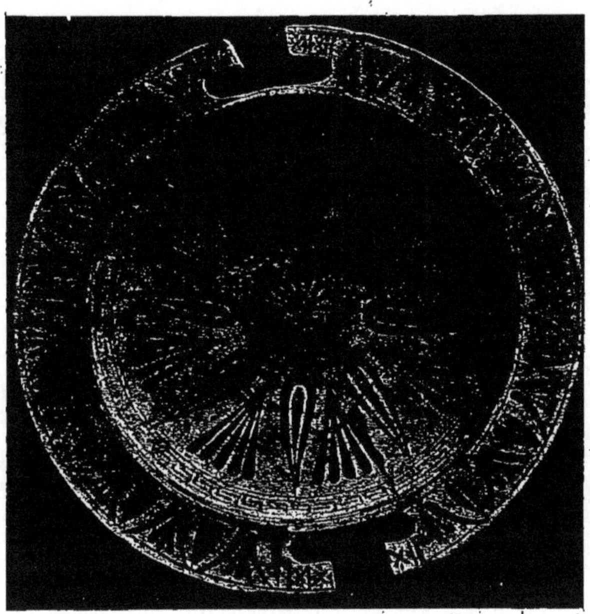

Fig. 8. — Plat rhodien (Musée du Louvre).

Sur le seuil des palais assyriens, le caractère de ce motif est singulièrement plus original et plus précieux, grâce à une interprétation plus sincère de la nature (fig. 9).

Mais c'est dans la reproduction si fidèle donnée par l'artiste égyptien de la fleur qui peuplait les bords du Nil, qu'il a le plus de saveur et le plus de style (fig. 10).

A reprendre le motif convenu de l'ove, qui n'a plus aucun lien avec la nature, nous ne saurions lui donner un style original ; si nous revenons au contraire à la nature, en interprétant directement le nénuphar, qui est le lotus de nos pays, nous pouvons, par la tournure d'esprit qui nous est particulière, par la vision qui nous est personnelle, en

tirer un motif qui aura du style, sans ressembler à aucune des interprétations passées ; et nous pourrons l'appliquer par la peinture ou la
sculpture à un manche de cuiller, au seuil d'une porte, au bord d'un
plat ou à une moulure en gorge sans faire un pastiche d'art égyptien,
assyrien, grec ou renaissance.

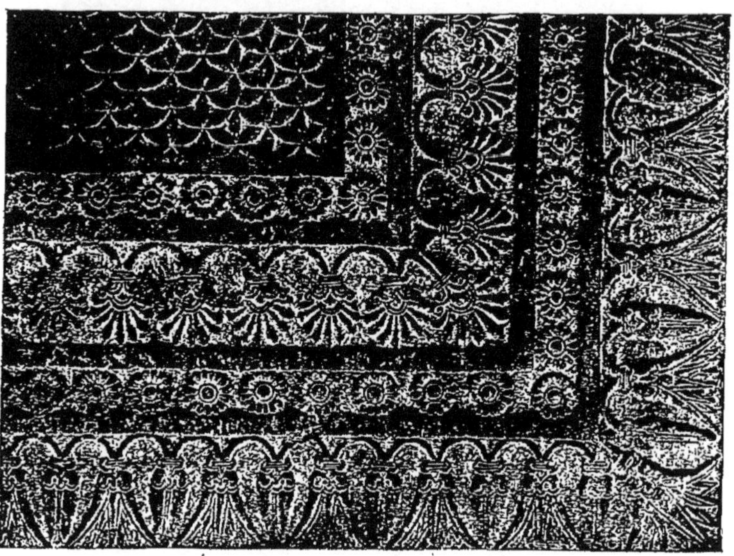

Fig. 9. — Seuil de porte assyrien (British Museum).

D'ailleurs il est à noter que le style est la marque du temps, en
dépit de toutes les influences ; quand au siècle dernier, la querelle des
classiques et des romantiques battait son plein, les uns et les autres
croyaient faire œuvre très différente : qui de nous hésiterait sur la
date de leurs œuvres ? Les plus indépendants sont, malgré tout,
esclaves de leur époque ; et quand les uns croyaient faire du grec et
les autres du moyen-âge, ils faisaient les uns et les autres du Louis-
Philippe ou du Second Empire, et nous ne nous y trompons pas.

Notre style existera donc malgré nous : pour qu'il ait des qualités,
le mieux est de ne pas torturer les formes de structure que la raison
nous indique, ni les éléments de décor que nous offre la nature, sous
prétexte de créer un style.

Le caractère des œuvres parfaites est d'être à la fois de leur temps et de tous les temps, et de ne pas vieillir. A des siècles de distance, les pièces d'orfèvrerie du trésor d'Hildesheim, les frises sculptées de la cathédrale de Reims, les encadrements des portes de Ghiberti au Baptistère de Florence, les guirlandes du meuble à bijoux de Marie-Antoinette sont encore modernes, tant leur étude de la vie fut sincère.

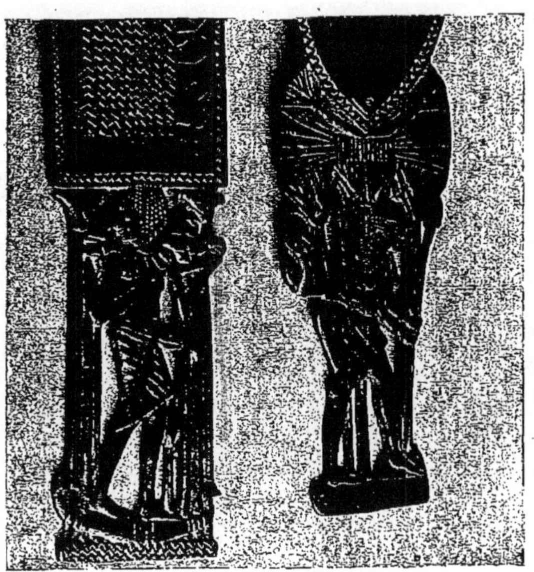

Fig. 10. — Cuillers égyptiennes en bois (Musée du Louvre).

Une beauté absolue, faite du même sentiment élevé de l'art, de la même étude très forte de la nature, de la connaissance parfaite de la technique, établit une parenté entre ces œuvres qui sont pourtant les plus caractéristiques du style de leurs époques.

C'est par des qualités analogues que les œuvres modernes pourront ne pas vieillir et avoir du style.

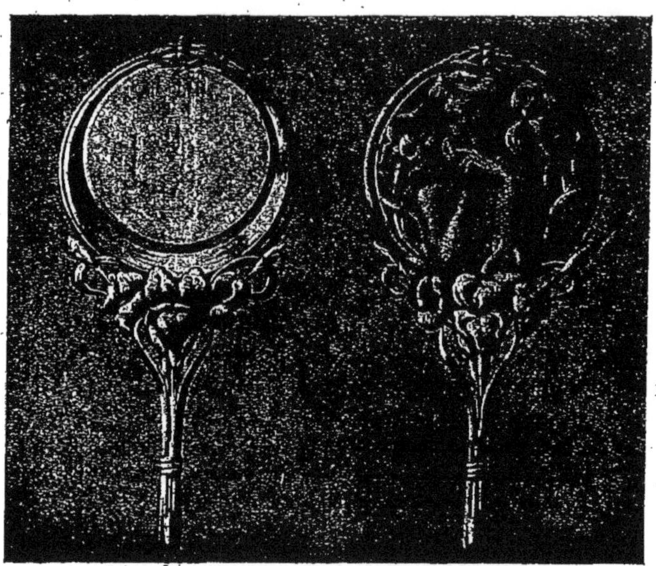

Fig. 11. — Miroir en argent repoussé et ciselé.

PROGRAMME DE COURS

CLASSIFICATION DES MÉTIERS PAR TECHNIQUES

DÉCOR DES VOLUMES ET DÉCOR DES SURFACES

RELIEF ET COULEUR

DÉCOR COMBINÉ DE RELIEF ET DE COULEUR

Les lois de composition décorative sont constantes, mais leur application se présente dans des conditions très variables, plus encore par la diversité des techniques que par la diversité des matières et des objets.

Aussi, pour l'enseignement de l'art, la classification des métiers par techniques paraît la plus logique : c'est elle qui apporte le plus de netteté à l'idée que doit se faire l'élève des similitudes ou des différences de composition et d'exécution inhérentes à ces techniques.

Le fer et le cuivre martelés, par exemple, ont des techniques voisines, nécessitant des applications analogues de la composition décorative, tandis que le fer forgé et la fonte, ou le cuivre repoussé et le bronze, n'ayant ni même constitution chimique, ni mêmes qualités mécaniques, ni même aspect, comportent des techniques et par suite des recherches différentes.

Si la classification par techniques paraît avoir l'inconvénient de séparer, par exemple, la marqueterie de bois plaqué de la charpente en bois d'assemblage, il n'y a là rien que de logique : car, sauf que l'un et l'autre s'appliquent à travailler le bois, il n'y a rien de commun entre le métier de marqueteur et celui de charpentier.

Les techniques différentes s'appliquent soit aux surfaces, en constituant un décor de couleur, soit aux volumes, en constituant un décor de relief ou un décor combiné de relief et de couleur.

Pour les volumes, ce sont des objets réels, visibles sous tous les aspects et assujettis à une stabilité nécessaire, qu'il s'agit de créer ; c'est la matière elle-même qui fournit les éléments de son décor si elle a les qualités d'épaisseur et de résistance et l'aspect décoratif voulus : c'est par des saillies et des creux créant des oppositions d'ombre et de lumière, par des évidements ou des ajours donnant le contraste de pleins et de vides, c'est par le relief que l'art s'exprime.

Grâce à ce relief, les objets prennent, en perspective dans l'espace, une silhouette dont dépend leur aspect ; la composition doit prévoir cet effet perspectif, et le dessin géométral, nécessaire à l'exécution, réserverait des surprises à l'artiste qui s'en tiendrait à cette représentation conventionnelle, sans se préoccuper de l'aspect réel qu'aura son œuvre.

Sur les surfaces, tout décor est une convention, une projection d'objets réels : c'est alors par les valeurs de tons, par les oppositions de couleurs, par le contour limitant ces valeurs ou couleurs, que l'art peut s'exprimer.

Ce décor de convention comporte plus de liberté, sans exclure d'ailleurs la logique, et si ce n'est plus la matière apparente qui constitue les organes de construction, ceux-ci subsistent et le décor ne peut manquer de s'y adapter.

Il y a un grand nombre d'objets auxquels s'appliquent à la fois le décor de relief et de couleur, notamment parmi ceux qui font partie de l'ameublement, meubles de bois plaqués, appareils d'horlogerie et d'éclairage ; l'art du potier qui décore par l'émail la surface de ses vases, l'art du joaillier qui enrichit par les gemmes les bijoux de métal nécessitent une étude spéciale en raison de la variété des techniques mises en œuvre pour faire un ensemble harmonieux.

Un artisan ne saurait être complet s'il n'a des connaissances générales qui lui permettent, sinon d'exécuter, du moins de connaître l'exécution de toutes les parties de l'objet auquel il collabore.

De même un artiste ne peut composer un meuble s'il n'a étudié les techniques du bois d'assemblage, du bois plaqué, du métal, des étoffes.

Ce sont d'ailleurs les connaissances générales qui élargissent l'esprit et développent les facultés d'invention.

DÉCOR DES VOLUMES

RELIEF

DÉCOR DE LA MATIÈRE PAR ELLE-MÊME

I

MÉTAUX FORGÉS, LAMINÉS, MARTELÉS ET EMBOUTIS

Les métaux peuvent être forgés, battus ou laminés ; ils sont alors employés dans une forme et des dimensions données ; ces éléments sont susceptibles d'être estampés, emboutis manuellement ou au tour, découpés, relevés au marteau, et d'être assemblés par soudure, rivure ou embrèvement.

Les métaux peuvent aussi être fondus et, selon le degré de finesse du procédé employé, comporter ou non un travail de ciselure.

Les deux techniques ont leurs qualités très différentes : dans le premier cas, la matière même se modèle sous les doigts de l'ouvrier qui en est le maître ; dans l'autre, l'artiste est un sculpteur dont l'œuvre, traduite mécaniquement, doit en général être terminée par un ciseleur.

Dès la plus haute antiquité, les deux méthodes ont été employées concurremment, notamment pour le cuivre qu'on rencontre soit allié à l'étain dans les objets de bronze coulé provenant des fouilles de la Basse-Chaldée, soit pur et embouti ou assemblé par feuilles rivées dans les pièces d'armure grecques ou étrusques.

Le travail manuel et le travail mécanique du fer. — Construction
métallique appliquée à l'architecture et aux moyens
de transport. — Ferronnerie et serrurerie.

Si le fer a été employé dès l'antiquité, s'il a constitué les armes et
les boucles de ceintures trouvées dans les tombes franques ; si, à partir du xie siècle, il a été utilisé en France, en Espagne, en Italie, en
Allemagne pour les armures, les pentures des portes, les grilles, les
serrures, les appareils d'éclairage, c'est toujours sous la forme de
travaux de ferronnerie comportant la forge, la soudure, l'estampage,
le battage, le découpage, le reperçage, le martelage, la gravure, la
rivure.

Les ouvrages, même les plus considérables, comme les grilles exécutées dans les cathédrales espagnoles au xvie siècle, ou en France au
xviiie, mettaient en œuvre le fer dans des dimensions réduites, ne
nécessitant qu'un outillage restreint.

C'est de nos jours que la construction métallique a pris une ampleur
insoupçonnée et a permis par l'assemblage de pièces laminées, grâce
aux procédés de fabrication de l'acier, de résoudre des problèmes
nouveaux.

Dans cet emploi moderne du fer pour les moyens moteurs de transport, les ponts, les halles, l'équilibre est une telle nécessité que la
structure même crée, par les lignes et les proportions qui en résultent,
l'aspect décoratif (frontispice).

L'art ne doit pas toutefois se limiter aux grandes lignes ; un arc ou
une poutre une fois calculés, il n'y a pas plus de raison d'arrêter là
sa recherche que si, en pierre, on s'en tenait à la taille d'un bloc sans
même oser épanneler la sculpture.

Mais ce n'est pas après que la construction métallique est achevée
qu'on peut y accrocher des ornements rapportés : c'est de l'étude
même de cette construction que doit naître le décor, qui s'appliquera,
par découpage et martelage, aux tôles n'ayant qu'une fonction secon-
daire dans la résistance : la décoration fera corps avec l'ossature
métallique et, sans l'alourdir, lui ôtera l'aspect de maigreur qu'on
reproche au métal mal employé (fig. 12).

L'architecture moderne est riche en problèmes comportant des solutions analogues, qu'il s'agisse de la forme et des remplissages des fermes d'un grand comble, comme en comportent nos gares, nos marchés, nos salles de musées ou d'expositions, nos bibliothèques, nos banques, nos magasins ; qu'il s'agisse de la construction des planchers ou des escaliers ; qu'il s'agisse des passerelles métalliques destinées à élargir des ponts de pierre (fig. 13).

Ainsi la grande métallurgie peut, du domaine de la science, entrer dans celui de l'art, à condition que les architectes aient les mêmes audaces qu'ont eues les ingénieurs dans toutes les créations nécessitées par la modification des moyens de transport, ponts, viaducs ou machines.

Nos locomotives sont expressives par le développement qu'elles ont pris en longueur, avec leurs roues motrices, avec le bogie qui court en avant pour prendre la direction, par la hauteur de leur masse jusqu'aux limites du gabarit, par la cheminée très courte qui se

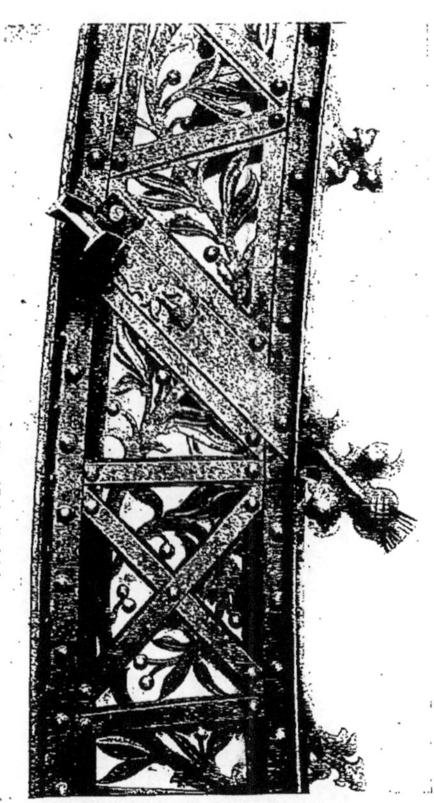

Fig. 12. — Fragment d'une ferme en fers laminés et tôle découpée et martelée.

tient nécessairement dans ces limites et contraste avec le volume et la longueur de la chaudière.

Nos paquebots métalliques à coque effilée, nos bâtiments de guerre, forteresses mouvantes aux formes puissantes, sont les solutions neuves de programmes qui n'ont plus aucun rapport avec les navires ou les frégates à rames et à voiles.

Nos automobiles montrent aussi une forme spéciale, qui devient une solution d'art, parce que tout est à sa place, par la nécessité de baisser le centre de gravité, de développer l'avant de la machine pour rendre accessible sous le capot tout le mécanisme moteur.

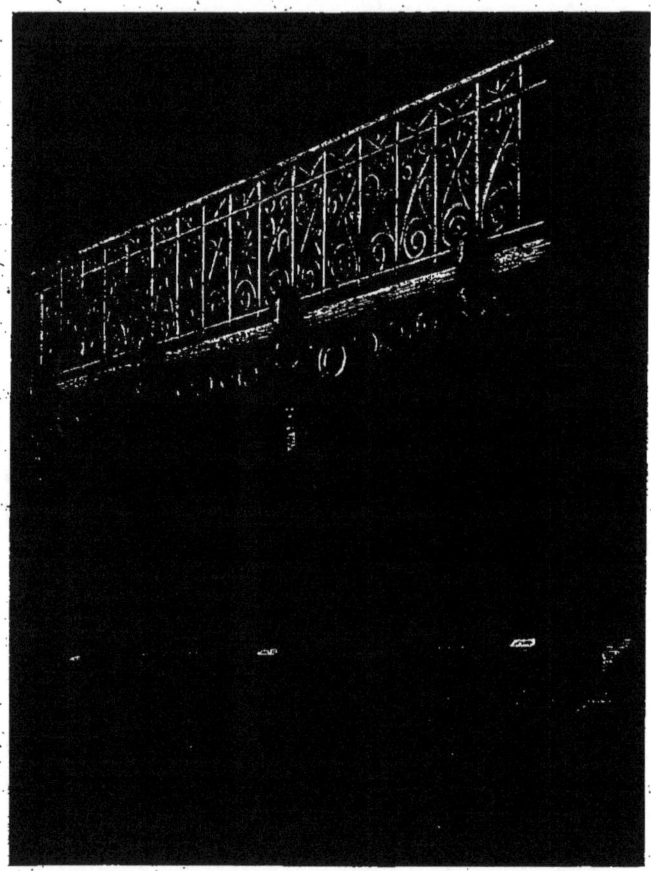

Fig. 13. — Passerelle métallique portée en encorbellement
(Croquis au tableau).

Le travail mécanique du fer, en se prêtant aux applications de l'art, ne rétrécit pas le champ ouvert à la ferronnerie : à côté des programmes de grilles, de balcons, de rampes qui subsistent comme par le passé, les ascenseurs, les auvents sont autant de sujets nouveaux.

La ferronnerie, mieux qu'aucun autre métier, peut tirer parti de l'interprétation de la nature : car les métaux laminés sont les seules matières qui soient résistantes, dans les épaisseurs mêmes que donne la nature.

En même temps, les qualités de dureté du fer doivent s'affirmer

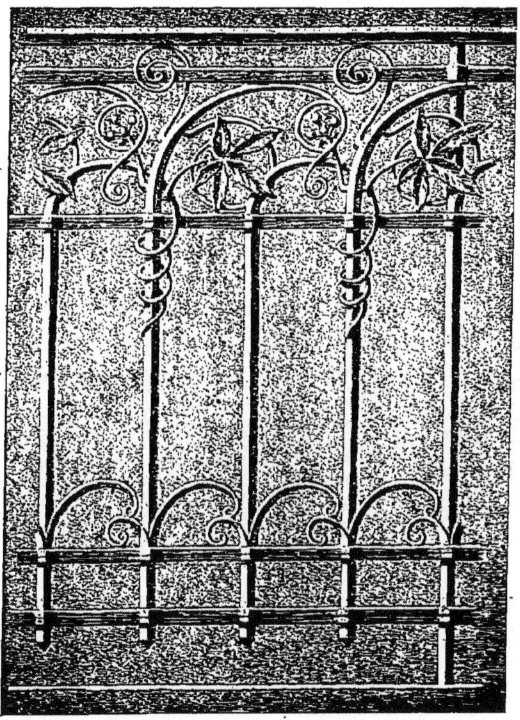

Fig. 14. — Détail d'un balcon en fer forgé.

par la constitution de cadres formant l'ossature solide dans laquelle se fixent les barreaux ou les panneaux de remplissage, par les assemblages à colliers, à trous renflés, donnant à eux seuls des effets d'ombre et de lumière variés, selon que le barreau se présente de face ou sur l'angle, qu'il est rond ou chantourné (fig. 14).

Pour le mode de ferrure des portes, des volets ou des fenêtres, il faut revenir aux solutions apparentes ; les pentures qui servaient à la suspension des portes dès le xiie et le xiiie siècle en Espagne et en

France, et dont les pentures de Notre-Dame de Paris sont un des plus beaux exemples, les paumelles et les charnières en usage à partir du xive siècle, indiquent l'intérêt artistique qui s'attache à ne pas entailler les ferrures et à en tirer un effet décoratif.

Il en est de même pour les procédés de tirage et de fermeture. S'il ne s'agit pas de reprendre les combinaisons, particulières à chaque ouvrage, qui étaient employées dans les serrures à auberonnière ou à tour, s'il nous faut maintenant faire usage des serrures à garniture, à gorge ou à pompe que fabrique l'industrie, ce serait la moindre des

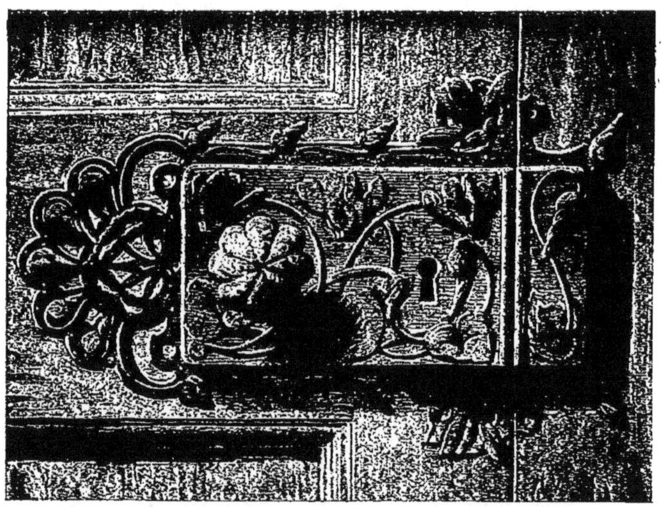

Fig. 15. — Serrure en fer découpé et martelé : bouton forgé.

choses que de ne pas les entailler dans le bois, ce serait une étude intéressante que de les appliquer sur un fond ajouré comme on le faisait autrefois et de chercher une solution d'art dans le bouton ou la clef (fig. 15).

L'orfèvrerie de cuivre, d'argent et d'or.

Dès l'antiquité, on réduisait en feuilles, par le battage, le métal fondu et coulé en tables ou en lingots, travail qu'on réalise aujourd'hui au laminoir ; on travaillait ces feuilles par le martelage, par l'estampage ou par l'emboutissage en une seule pièce qui assurait l'étanchéité des coupes égyptiennes et des vases mycéniens. Pour le décor de la forme ainsi obtenue, on employait la gravure et la ciselure au repoussé.

Ces procédés sont encore en usage aujourd'hui ; les perfectionnements ont surtout porté sur les méthodes d'assemblages qui peuvent toujours se faire par rivets ou par ourlets sur fil métallique, mais sont pratiqués aussi par soudure (fig. 11).

Si la pièce est de dimension importante, on peut marteler le métal sur une forme en bois exécutée en maigre, ainsi que cela se faisait au xiiie siècle pour les statues tombales, ou sur une forme en fonte moulée d'après le modèle.

Par cette technique, l'artisan qui travaille la feuille de métal crée la forme : c'est son habileté d'exécutant qui lui permet de faire saillir de la feuille de métal, par la plane ou la recingle, des ornements en ronde-bosse, comme on les voit dans les œuvres romaines d'orfèvrerie d'argent, dans les portes de cuivre réalisées en Italie, grâce à l'assemblage de panneaux réunis par des couvre-joints godronnés, dans les pièces d'orfèvrerie religieuse, autels, flambeaux, crosses, croix, calices, statuettes, châsses du moyen-âge, dans la vaisselle dite « Vieux Paris », au temps de Louis XIV.

A toutes ces belles époques, on a su employer le décor floral avec discrétion en le subordonnant à l'usage de l'objet ; la simplicité d'un plat à œufs de Boscoreale, de ciboires français tirant parti des surfaces polies de la riche matière, portent en eux la critique de certaines œuvres allemandes ou françaises du xve siècle, dans lesquelles les motifs architecturaux prenaient une importance exagérée et compliquaient l'ornementation.

Le même souci de raison et de goût doit nous guider aujourd'hui. La composition d'une théière, d'une cafetière est, avant tout, une question de raisonnement : il faut trouver une forme de récipient convenable, donner au bec une longueur qui permette de verser aisément le liquide sans qu'il déborde du récipient ; il faut que l'anse s'attache bien par rapport au centre de gravité, afin que l'objet soit en main, n'exige un effort ni pendant qu'on le porte ni pendant qu'on verse le liquide.

En même temps, le décor ne doit pas détruire la forme, mais en souligner les éléments essentiels par des motifs originaux, que la technique permet d'exécuter d'une manière ferme, imprévue, vivante, tout en laissant valoir la beauté de la matière unie (fig. 15).

Il faut aussi que l'initiative s'exerce sur les programmes nouveaux : le cuivre martelé, repercé au ciseau de manière à donner une ciselure arrachée, exempte de sécheresse, peut être employé pour les appareils de chauffage qui exigent des gaines, des enveloppes, des plaques métalliques laissant passer la chaleur ; car les radiateurs à ailettes de nos calorifères, qui chauffent et noircissent les lambris,

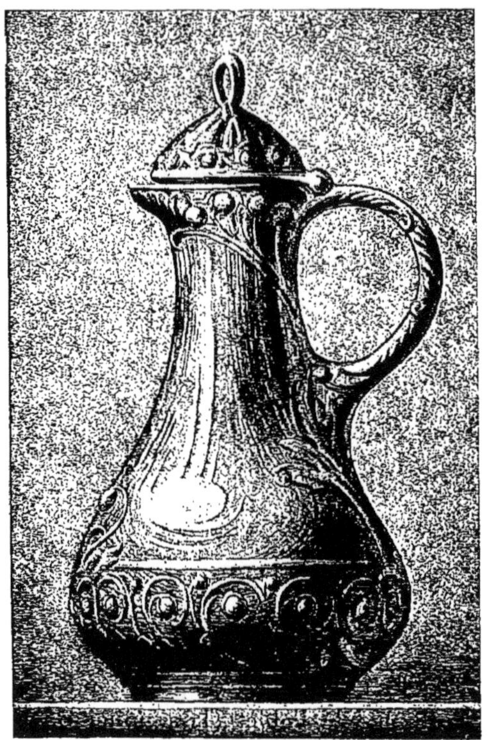

Fig. 16. — Cafetière en argent repoussé et ciselé (Croquis au tableau).

les étoffes ou les peintures, ne sauraient être considérés comme une solution artistique et définitive.

La frappe des métaux (or, argent, bronze, nickel).
Monnaies et médailles.

Jusqu'à l'invention moderne du tour à réduire, les variations des méthodes de fabrication n'ont pas modifié l'art des monnaies.

Les procédés antiques de la frappe du flan dans le coin ont pu être améliorés par une virole précisant le centrage et empêchant toute fuite du métal ; le balancier, puis la presse monétaire ont pu remplacer le mouton et le marteau ; l'empilage des pièces a pu restreindre, à partir du moyen-âge, les fortes saillies des monnaies antiques.

Les principes d'une composition remplissant une forme circulaire, nécessaire pour ne déchirer ni les mains qui comptent les pièces ni les sacs dans lesquels on les entasse, n'ont pas varié.

Le contour définit la forme dans les limites de laquelle les saillies sont réduites proportionnellement. La nécessité de graver directement le poinçon ou le coin dans le métal, durci ensuite par la trempe, obligeait l'artiste à composer et à exécuter son œuvre dans sa dimension définitive ; de là résultèrent des simplifications qui réduisent l'œuvre à sa synthèse et donnent leur caractère aux monnaies d'Agrigente ou de Syracuse comme aux pièces françaises du moyen-âge ou aux médailles des Guillaume Dupré, des Warin, des Chéron. Les médailles italiennes, pour la plupart fondues, présentent les mêmes qualités.

Pour que l'emploi du tour à réduire ne produise pas des œuvres dépourvues d'accent, défaut capital au point de vue de l'art et de l'usage, il faut que les graveurs, en créant leurs modèles, prévoient ce que deviendront, après réduction, la composition et la valeur des reliefs.

Le plomb repoussé, dans la décoration des toitures.

Le plomb, qu'on trouve largement employé dans l'antiquité grecque et romaine à l'état fondu, a pris, au moyen-âge, en France, l'importance que justifiait l'usage de cette matière, protégée par son oxydation superficielle, pour les combles élevés, caractéristiques de nos pays.

C'est sous forme de tables coulées et amincies en feuilles que le plomb a été employé dans les couvertures : on avait logiquement cherché par le battage, que remplace aujourd'hui le laminage, à alléger cette matière, dont l'inconvénient est la lourdeur, mais dont la malléabilité se prête à merveille à assurer l'étanchéité des raccordements des toitures les plus compliqués.

En raison du poids du métal, et pour éviter à la fois l'infiltration de l'eau et les boursouflures provenant des variations de température, il faut prendre des précautions pour l'agrafage et le montage à dilatation libre des feuilles. Pour réaliser ces conditions indispensables, particulièrement difficiles à satisfaire si la surface était verticale, les artistes eurent l'idée, pour les flèches comme celle de la cathédrale d'Amiens, d'agrafer les tables en losange, prouvant ainsi que toute obligation de construction, sincèrement exprimée, peut conduire à une solution artistique.

C'est en utilisant les organes de structure, comme la saillie hors comble d'un poinçon de bois assemblant les arêtes d'une croupe, c'est en étudiant chacun des ouvrages de plomberie en vue de sa destination, en prévoyant les armatures nécessaires pour éviter tout affaissement, que les artistes français ont créé ces épis, ces crêtes, ces lucarnes qui accompagnent et couronnent si bien les toitures.

La nécessité de rechercher des ajours pour un décor dont toute la valeur réside dans un découpé sur le ciel, fut comprise des artistes du moyen-âge et de la Renaissance, qui interprétaient la flore à Beaune, à Bourges et à Gien, ou qui, plus tard, au château de Moulin, donnaient aux épis la forme d'élégants balustres prêtant appui à des consoles ajourées.

Sous Louis XIV, le plomb fondu, qu'on avait allié peu à peu au plomb martelé, allait être exclusivement employé par la décoration des toitures.

Si le décor des plomberies de cette époque est fastueux, mais moins léger d'aspect que celui des siècles précédents, cette lourdeur n'était pas qu'apparente : sur les dessins de la chapelle de Versailles, publiés par Blondel, figure un campanile, auquel il est probable qu'on dut. renoncer, parce que son poids déterminait l'affaissement de la charpente : on ne saurait formuler une critique plus sensible de l'emploi du plomb fondu pour les toitures.

La plomberie peut aujourd'hui s'appliquer, aussi logiquement que par le passé, non seulement aux crêtes, aux épis et aux lucarnes, mais aux chéneaux et aux tuyaux de descente, qui ont remplacé, pour l'écoulement des eaux, les gargouilles.

II

MÉTAUX FONDUS

Les procédés de fonte des métaux ont le grand intérêt commercial de permettre la reproduction indéfinie d'un même objet ; les frais du modèle, se répartissant sur un grand nombre d'exemplaires, n'influent guère sur le prix de l'objet, et c'est par l'établissement de modèles intéressants que les objets fondus peuvent présenter la supériorité artistique qui assurera leur prééminence commerciale.

Sauf le plomb, qui est fondu à l'état pur, les métaux sont combinés entre eux de manière à former des alliages qui améliorent leurs qualités. Le métal ainsi constitué est fondu dans des moules qui sont en sable, en fonte, en cuivre ou même en bois, selon la température de fusion du métal ; en vue des dimensions définitives de la pièce, il faut tenir compte du retrait.

La fonte est unie, à pièces, ou tirée si l'on établit un noyau intérieur tiré d'épaisseur ; elle comporte, en général, après sortie du moule, un travail d'ébarbage, de réparure ou même de ciselure, indispensable pour finir la pièce.

La fonte de fer dans la construction et dans les objets mobiliers.

La fonte de fer ou d'acier est employée dans la construction métallique, à cause de sa résistance à la compression, pour des pièces verticales ou inclinées, pour des claveaux d'arcs, pour les supports des rotules des fermes articulées.

La fonte n'a pas donné, dans l'architecture, tout ce qu'on en pouvait attendre parce qu'on a voulu lui donner tantôt des formes de pierre, tantôt des formes de fer forgé. Elle doit avoir ses formes propres, pour lesquelles il faut se préoccuper d'éviter les inégalités d'épaisseur qui peuvent donner des inégalités de retrait occasionnant des ruptures ; cette condition essentielle force à chercher un décor délicat de surface en même temps que des ajours aux formes souples laissant entre eux des parties pleines assez importantes pour que la matière atteigne facilement toutes les portions du moule : c'est en effet un de ses inconvénients que de ne pas se prêter à aller dans les recoins d'un modèle compliqué.

On en avait fait, à partir du xvᵉ siècle, un usage très judicieux pour les plaques d'âtre : son manque de malléabilité importait peu puisqu'il fallait éviter les saillies qui eussent encombré le foyer : les reliefs étaient uniformément plats, mais accentués par des arêtes vives qui se prêtaient à l'éclairage frisant de la flamme.

A côté des plaques d'âtre, l'emploi de la fonte bien étudiée pourrait donner des solutions artistiques pour les appareils de chauffage, les candélabres des voies publiques, les vases et les fontaines.

Le bronze dans la statuaire et dans les objets usuels.

Le bronze, dont les alliages diffèrent suivant qu'il s'agit de fondre les objets usuels, les statues, les médailles, les cloches ou de former le laiton employé en horlogerie, peut être fondu selon les méthodes usuelles et comporter, à la sortie du moule, un travail de ciselure ou de gravure.

Un procédé, spécial au bronze et qui a été appliqué dès la Renaissance italienne, peut-être même dans l'antiquité, est la fonte à cire perdue qui exige des opérations complexes : exécution du moule à bon creux en plâtre, battage et grattage du noyau, coulée et retouche de la cire, constitution du moule définitif à l'aide de couches de sable dilué, fusion de la cire et coulée du métal. La fonte à cire perdue est réalisée d'une manière plus économique, mais moins régulière, par le procédé au renversé.

C'est en bronze que furent exécutés les statuettes, les vases, les miroirs égyptiens et grecs, les objets usuels trouvés à Herculanum et à Pompéi, trépieds, lits, tables, sièges pliants.

L'art arabe, dans le revêtement des portes, comme celle de la mosquée de Sidi bou Médine, l'art persan, dans ses aiguières, l'art italien appliquaient le bronze à des programmes réalisés aussi par le martelage, et il est curieux de voir qu'on fondait, pour le Baptistère de Florence, des portes qui ont la composition des portes à panneaux repoussés de Vérone ou de Monreale.

La composition des bas-reliefs d'Andréa Pisano à Florence, ou de Donatello à Padoue, était d'ailleurs des plus décoratives ; dans les portes de Ghiberti, ce qu'il faut le plus admirer, ce sont les encadrements où des écureuils se jouant parmi des branches de châtaigniers ou de noisetiers sont interprétés avec une rare intensité de vie.

En France et en Italie, on réservait judicieusement l'emploi du bronze à des œuvres exigeant par leur destination une grande résistance, comme les candélabres de la cathédrale de Milan ou de Saint-Rémi de Reims, comme les cloches des églises et des beffrois, dont le décor évitait les saillies qui auraient modifié le son, comme les mortiers employés en pharmacie, comme les horloges.

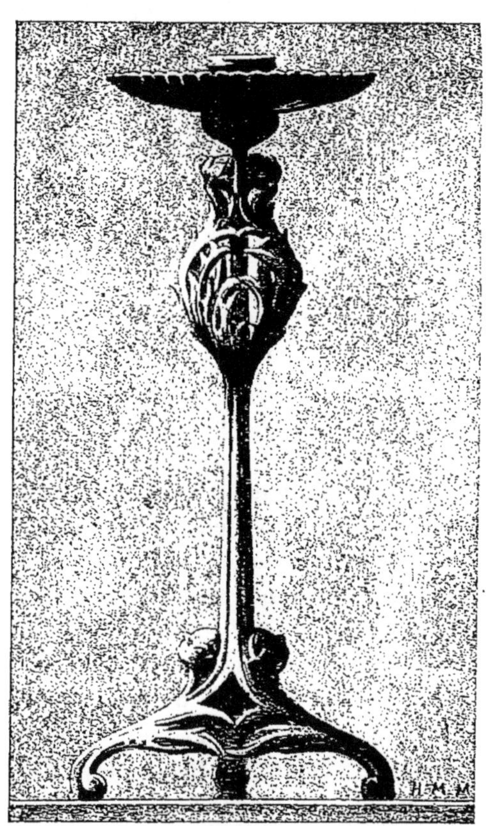

Fig. 17. — Flambeau en bronze ciselé.

Au château de Versailles, le bronze prenait un grand développement, s'appliquait non seulement aux bas-reliefs, mais à la quincaillerie, fournissant la matière des serrures, des verrous, des espagnolettes, aux cheminées et aux chenets, aux meubles.

Les appareils d'éclairage, qui avaient comporté l'emploi du bronze dans les lampes antiques, dans les chandeliers romains, fournirent des programmes variés à l'invention de nos admirables ciseleurs du xviiie siècle, Gouthière, Duplessis. Les lanternes, les appliques, traitées avec une délicatesse qui répondait bien à la nécessité de réduire au minimum les armatures pour que la lumière ne projetât pas d'ombres, offraient un mélange charmant de convention et de nature.

A côté des statues et des bas-reliefs dont les statuaires créent les modèles, les ouvrages usuels, lampes, chandeliers, doivent susciter l'initiative des artisans : un intérêt social et national s'attache à ce que désormais ces objets qui passent dans toutes les mains aient un caractère d'art (fig. 17).

Le plomb fondu, dans le décor des jardins.

Pour le décor des fontaines et des bassins, nulle matière ne peut remplacer le plomb fondu ; la fonte de fer et le bronze s'oxydent au contact de l'eau, et n'assurent pas d'une manière aussi parfaite l'étanchéité nécessaire à des motifs d'ornements destinés à canaliser les eaux.

Si le plomb fondu n'offre pas l'exécution très libre et très artistique du plomb martelé, s'il ne peut donner ces ajours délicats qui aident à l'interprétation de la faune et de la flore, il permet d'obtenir, rapidement et à bon compte, pourvu que les modèles du sculpteur soient suffisamment poussés, des œuvres aux formes grasses qui défient les injures du temps.

D'ailleurs la fusibilité du métal à une température très basse rend possible les empreintes même les plus fines.

Le plomb fondu, qui fut employé dès le xve siècle pour les vasques étagées des fontaines, dut nécessairement jouir de la plus grande faveur quand, pour satisfaire aux goûts somptueux de Louis XIV, il fallut peupler, en peu de temps, de groupes mythologiques, d'animaux, de vases, les jardins dessinés par Le Nôtre.

La composition des groupes des bassins de Versailles, utilisant à merveille la matière, faisait concourir à son effet les gerbes d'eau qui, lancées par les animaux marins, se divisaient et multipliaient les jeux de lumière, en évitant cependant toute confusion.

On ne saurait trop admirer, dans les vases de marbre et de plomb de Versailles, la compréhension parfaite des techniques qui fit traiter si différemment le même programme dans deux matières différentes : les vases de marbre ont des arêtes vives, cependant exemptes de

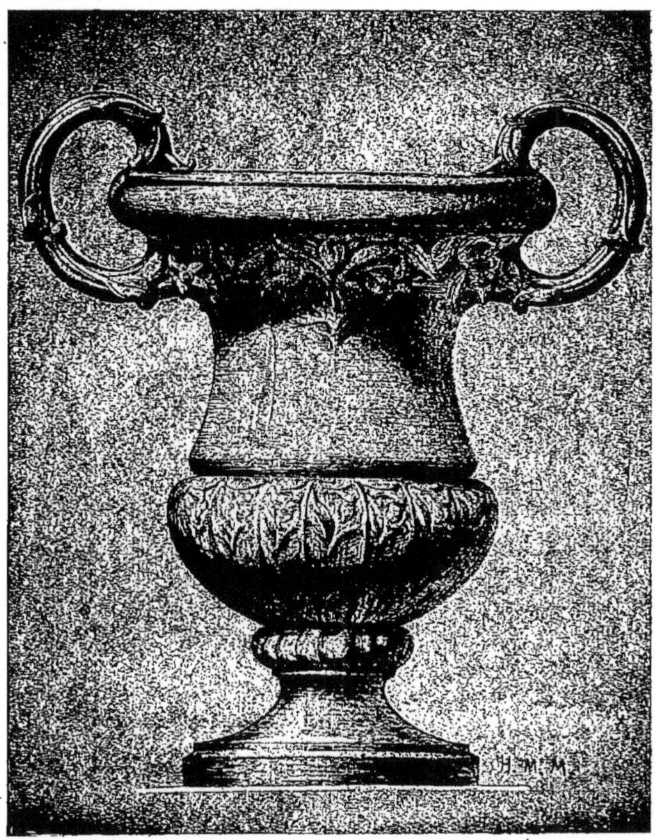

Fig. 18. — Vase en plomb fondu (Croquis au tableau).

sécheresse parce que la transparence de la matière adoucit le travail du ciseau ; pour le plomb, la silhouette large de la panse, la forme des anses, les modelés souples du décor caractérisent l'emploi du métal malléable.

C'est en partant des principes magistralement appliqués à Versailles que devront être composés, avec l'aide du décor de nature, les œuvres modernes qui décoreront nos jardins (fig. 18).

La poterie d'étain.

Employé dans l'alliage des bronzes égyptiens ou chaldéens et, à l'état d'oxyde, dans les émaux, l'étain servait en Grèce pour les miroirs ; à l'époque mérovingienne, il décorait par incrustation les boucles de ceinture ; dès le XIIIe siècle, il apparaissait dans l'orfèvrerie religieuse et était utilisé, à partir du XIVe, pour la fabrication de pichets, d'as-

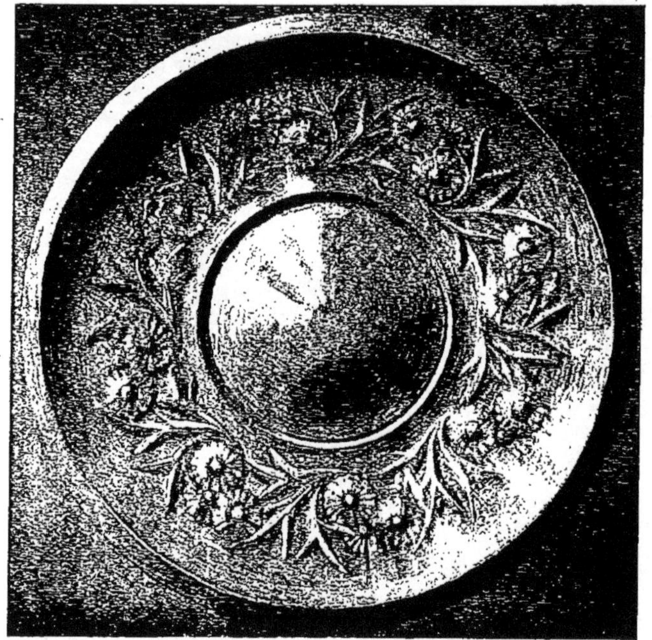

Fig. 19. — Plat en étain fondu.

siettes, d'écuelles qui étaient de préférence emboutis et décorés par la gravure.

C'est à partir du XVIe siècle que l'étain fondu fut usité pour les aiguières et les bassins décorés de figures, de cartouches et de rinceaux, tels que les œuvres de François Briot, dont la richesse uniforme manquait souvent d'oppositions.

Au XVIIIe siècle, la vaisselle d'étain était fondue, puis reprise par le planeur qui obtenait au marteau des renflements ou des godrons : le graveur achevait le travail.

Le martelage sur un métal mou se prête mal aux finesses d'exécution, et le procédé de la fonte reste celui qui convient le mieux à l'étain, en permettant d'éditer commercialement des œuvres ayant un grand caractère d'art, grâce à la fusibilité du métal qui pénètre tous les coins du moule, sans qu'il soit besoin d'un travail ultérieur de ciselure.

L'exécution du moule en cuivre exige un travail délicat d'intaille et un ajustage précis.

Dans l'étain comme dans toute autre matière, il faut avoir le souci de faire valoir la finesse de l'ornement par les belles surfaces polies que peut offrir le métal (fig. 19).

III

PIERRE ET MATÉRIAUX MONTÉS PAR ASSISES

La France a toujours été le pays de l'architecture lapidaire, à cause de ses carrières qui fournissent toutes les variétés, depuis les porphyres, les granits, les laves, les roches les plus dures jusqu'aux bancs de calcaire tendre propre aux finesses de la sculpture.

Comme pour le fer, la condition essentielle de la composition en pierre est la stabilité, et l'art résulte, avant tout, des dispositions de l'édifice, de la répartition, de la section et du groupement des points d'appui selon les charges qu'ils ont à supporter, des oppositions de pleins et de vides des murs et des ouvertures.

Pour rénover l'art de la pierre, il faut s'affranchir des formules qui attribuent des proportions fixes aux éléments d'architecture et suppriment toute échelle ; les grandes ordonnances peuvent se prêter à des palais dont les salles montent à toute hauteur : elles ne sauraient qu'encombrer d'éléments inutiles des édifices à étages, dont les escaliers, les planchers coupent les ordonnances ou traversent les baies, aux dépens de l'esthétique et de la commodité.

La pierre comporte en soi son procédé de décor, qui résulte des volumes d'ombre et de lumière, et exige des masses suffisamment épaisses pour convenir à sa contexture grenue ; les qualités de chaque espèce de pierre, selon sa dureté, influent sur la forme à lui donner.

Le décor doit concorder avec les éléments de construction, avec la pose par assises ou en délit que justifient la grande résistance de la matière à l'écrasement et sa faible résistance à la flexion.

Pour les murs, il s'applique aux corniches qui écartent l'eau du ciel, aux saillies nécessitées par les charges ou les poussées.

Pour les supports, il correspond au développement des bases qui répartissent les pressions, des chapiteaux qui forment la transition entre le fût et le tailloir, supportant les charges supérieures.

Pour les portes, les fenêtres, les cheminées, il trouve sa place dans les pieds-droits, dans les claveaux des arcs qui les relient ou dans les corbeaux qui soulagent les linteaux, dans les tympans qui forment remplissage entre les linteaux et les arcs de décharge.

Pour les voûtes, il s'applique aux arcs et à leurs clefs (fig. 20) ; pour les escaliers, il suit les limons, les voûtes rampantes et orne les rampes.

Les lois absolues de la structure et du décor lapidaires furent appliquées dans les temples grecs avec autant de rigueur que dans nos cathédrales, et ne sont pas un obstacle à la rénovation d'ornements dont les variations, résultant de l'interprétation de la nature, ont été la marque de l'art dans les différentes civilisations.

Les moulures de la pierre, qui appellent les effets d'éclairage, sont la vie de l'architecture. A comparer les moulures grecques, tangentes à la lumière et délicates d'accent comme en présentent les annelets du chapiteau du Parthénon, aux profils profondément fouillés de nos monuments, du xiiᵉ au xviᵉ siècle, on comprend l'erreur commise en transplantant dans l'atmosphère grise du Nord les monuments faits pour la lumière implacable du Midi, ou inversement. Même lorsque cette transplantation a produit des œuvres admirables, comme le haut-relief de Rude à l'Arc de Triomphe, on ne saurait trop regretter de voir exposé à la pluie de nos pays un chef-d'œuvre, voué par là à périr. Ce n'était pas sans raison que nos architectes du moyen-âge abritaient la sculpture sous des porches ou des édicules : en tenant compte du climat, ils donnaient en même temps de la couleur à leurs œuvres, en favorisant les ombres qui détachaient en lumière les figures.

Les principes posés pour l'architecture de pierre s'appliquent aux matériaux réguliers montés par assises, dont la pénurie de matériaux

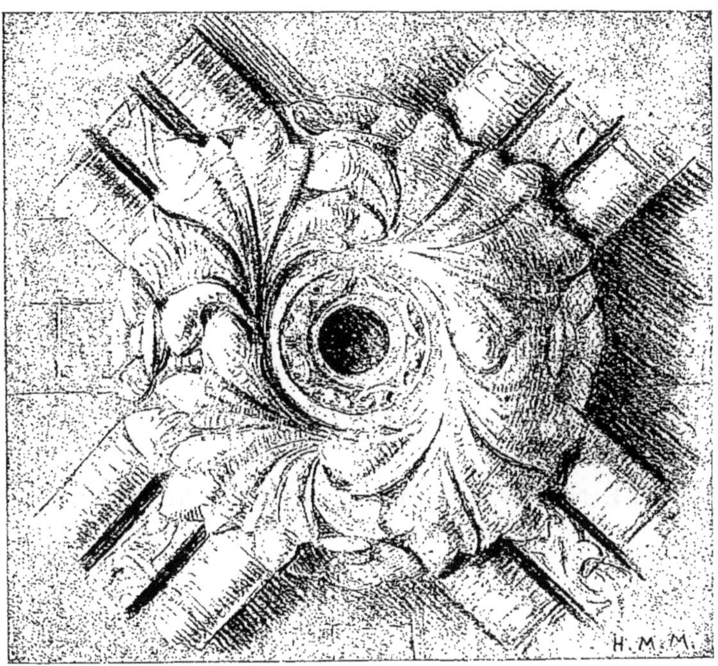

Fig. 20. — Clef de voûte en pierre (Croquis au tableau).

lapidaires provoqua le façonnage, en Chaldée comme en Perse, dans l'Italie comme dans le Languedoc et les Flandres.

La brique fournissait les éléments de construction et de décor ; estampée dans des moules, elle constitua les frises des palais de Suse comme plus tard à Pise ou à Milan les archivoltes des baies ou les cordons des appuis.

Les façades de la Place des Vosges ou des Châteaux contemporains nous rappellent avec quel talent on sut associer, au temps d'Henri IV et de Louis XIII, la pierre et la brique. L'alliance du fer et de la brique peut n'être pas moins heureuse.

Si les formules archéologiques sont inacceptables dans des édifices modernes, elles ne le sont guère moins quand il s'agit de restaurer des monuments anciens.

C'est une erreur que de vouloir, sous prétexte d'un respect d'ailleurs très louable pour les édifices anciens, les compléter dans leur style.

Les monuments sont historiques parce que leur histoire est écrite sur la pierre, sur le bois, sur le verre, et il n'est pas un édifice dont la construction et la décoration ne se soient espacées sur plusieurs siècles. Ce qui fait leur prix, c'est que, par une harmonie d'échelle et de couleur, rien ne choque dans ces adjonctions successives.

Nous devons avoir le même sentiment d'harmonie aujourd'hui, et c'est en complétant dans un esprit à la fois traditionnel et moderne les trop nombreux monuments que les Allemands ont saccagés, que nous ajouterons une page, et des plus glorieuses, au livre jamais fermé de l'histoire de nos monuments.

IV

BOIS PLEINS. — COMBINAISONS D'ASSEMBLAGE

Les dimensions, restreintes en largeur et en épaisseur, des bois débités motivèrent les combinaisons primitives par empilage et par encorbellement, puis les méthodes savantes de triangulation, nécessitant des assemblages à entailles, à tenons et mortaises, à queues d'hironde ; le système des rainures et des languettes permit de juxtaposer les planches sans que le retrait du panneau eût pour conséquence l'ouverture des assemblages.

Le décor doit nécessairement s'adapter à ces combinaisons et se tenir dans l'équarrissage du bois.

La charpente.

La charpente est un art essentiellement français, en raison de la nécessité de couvrir les monuments par des toits très aigus, pour éviter, sous notre climat, l'amas des eaux ou de la neige.

Tandis que les toits plats des temples antiques ou des basiliques italiennes avaient pu être soutenus par des fermes espacées, composées de bois de fort équarissage, reliées par des pannes formant cais-

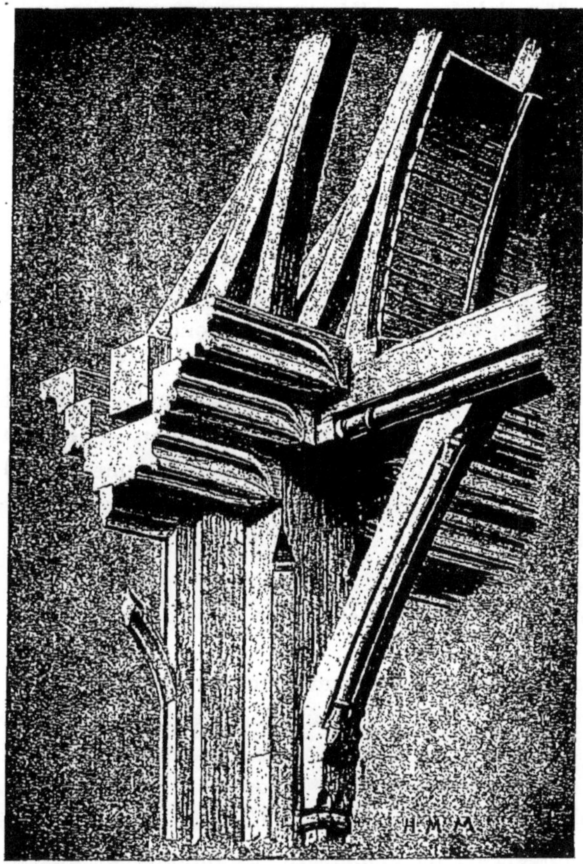

Fig. 21. — Croquis analytique d'une charpente du xvᵉ siècle.

sons avec les chevrons, nos charpentiers durent, dès le xiiᵉ siècle, trouver un système de « chevrons portant fermes », utilisant, pour des combles de dimensions considérables, des bois de grande longueur et de faible section, épaulés les uns aux autres.

Les charpentes se prêtèrent aux combinaisons les plus décoratives,

soit que les liens courbes supportassent un lambris de planches raî-
nées, formant une voûte reposant sur des sablières moulurées ou
sculptées, traversée par les entraits et les poinçons (fig. 21), soit que
la ferme fût un véritable pan de bois consolidé par des moises, ainsi
qu'on le voit à l'abbaye de Westminster.

Dans les flèches et dans les dômes, le bois n'était pas apparent,
mais c'est de lui que dépendait l'aspect artistique de l'œuvre, puisqu'il servait de support au revêtement de plomb.

La construction des façades en bois, réalisée par des méthodes
analogues à celles des charpentes, a donné lieu, en France comme au
Népal ou dans la région du Hartz, à des œuvres délicates et hardies
que caractérise l'encorbellement des étages, portés en bascule sur la
saillie des poutres des planchers ; il en est de même des escaliers circulaires ou droits, des planchers, des plafonds et des tribunes.

Si les couvertures en terrasse, introduites au xviiᵉ siècle, si la sub-
stitution moderne du fer au bois pour les combles et les planchers ont
restreint l'emploi de la charpente, celle-ci doit cependant rester en
honneur (fig. 22) ; par ses principes d'encorbellement, de bascule, de
triangulation, elle est à la base de toutes les combinaisons qu'on
trouve dans les lambris et les meubles.

La menuiserie, les meubles et les sièges en bois plein.

L'art de la menuiserie prit naissance au xivᵉ siècle, lorsque le lambris d'assemblage, comportant un cadre de bâtis et de traverses dans
lequel s'assemblaient les panneaux, remplaça les combinaisons rudi-
mentaires de charpente, employées jusque là pour la construction des
portes revêtues de cuivre ou consolidées par des pentures de fer.

Les combinaisons de menuiserie s'appliquèrent aux revêtements
des murs, aux portes, aux clôtures pleines ou ajourées, aux fenêtres,
aux volets, aux plafonds, aux cheminées ; l'assemblage des cadres
entre eux permit, au xviᵉ siècle, d'amplifier et d'assouplir le décor
dans des œuvres telles que les portes de Saint-Maclou à Rouen, dans
lesquelles Jean Goujon adaptait le plus magnifique décor de sculpture
aux nécessités de construction.

Sous l'influence de l'art italien, les combinaisons d'assemblage, qui enserraient le décor dans chaque pièce de bois, furent peu à peu abandonnées ; les lambris du XVIIe et du XVIIIe siècle furent d'une conception décorative admirable par les oppositions de reliefs et de

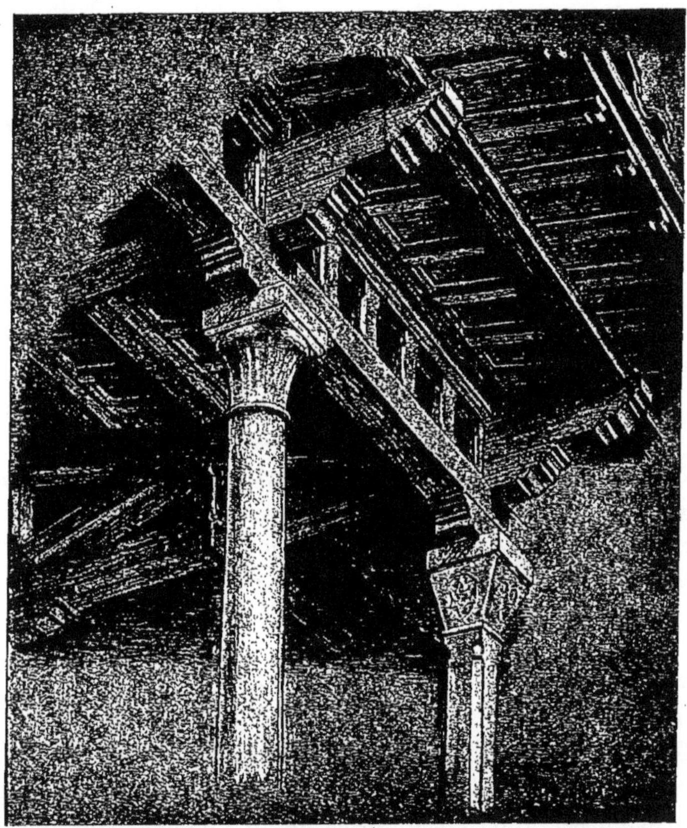

Fig. 22. — Galerie en charpente sur supports lapidaires
(Croquis au tableau).

champs unis, mais ne tinrent pas un compte suffisant de l'appropriation des formes à la structure : les disjonctions que le temps a produites dans la plupart de ces lambris en font la critique.

Les meubles, dont le coffre, qu'on retrouve à l'origine de toutes les civilisations, est l'expression la plus simple, ont été d'abord des combinaisons de charpente, puis de menuiserie ; c'est le cas des stalles et des buffets d'orgue de nos églises, et de tous les meubles français, lits, bahuts, armoires, crédences, buffets, tables, jusqu'au xvie siècle. Même lorsque ces meubles furent d'une extrême richesse, avec leurs montants surchargés de pilastres, de colonnettes ou de figures, avec leurs traverses ornées de guirlandes, de godrons ou d'entrelacs, le décor était toujours compris dans la pièce de bois qui le portait.

Les sièges droits à formes rectilignes, dont les dispositions furent longtemps analogues à celles qui avaient été usitées dès l'antiquité égyptienne ou en Scandinavie, subirent une transformation complète lorsque, au xviie siècle, on incorpora aux sièges les coussins, jusque-là mobiles, et qu'on garnit d'étoffe rembourrée les dossiers, puis les bras ; la recherche de formes mieux appropriées au repos du corps fit adopter les tracés curvilignes qui d'abord ne sortirent pas du plan vertical ou horizontal, puis, par transitions insensibles, les formes à double courbure ; le siège eut, en plan, un tracé circulaire ; le dossier conique s'accorda avec la courbe du siège et les bras chantournés s'écartèrent, laissant toute liberté au corps.

Tandis que le décor des meubles, à partir de la Renaissance, mit en œuvre les matières les plus variées appliquées sur une membrure non apparente, les saines traditions de structure subsistèrent pour les sièges parce qu'ils exigent des sections de bois si faibles que, sans bonne construction, ils ne sauraient tenir.

S'il faut réagir aujourd'hui contre le manque d'invention qui consiste à copier des meubles de styles anciens, ce n'est pas une raison pour abandonner ces excellentes traditions et le principe des tracés à double courbure qui sont le fruit de recherches séculaires. Il ne faut pas non plus, partant d'une idée juste, qui est le renouvellement du décor par l'observation sincère de la nature, tomber dans une imitation servile qui fasse oublier qu'il y a des lignes indispensables résultant d'une construction logique : l'art consiste à proportionner les dimensions de chaque pièce à son usage, à ne pas les affaiblir où la matière est nécessaire, à présenter le bois dans le sens des fibres, à répartir le décor sur les rives des pièces formant membrure sans trop les évider et à le développer de préférence sur les pièces de remplissage, sur les panneaux (fig. 23).

La carrosserie.

Avec la transformation complète des moyens de transport, l'emploi du fer ou de l'acier pour les essieux et les ressorts des voitures, des

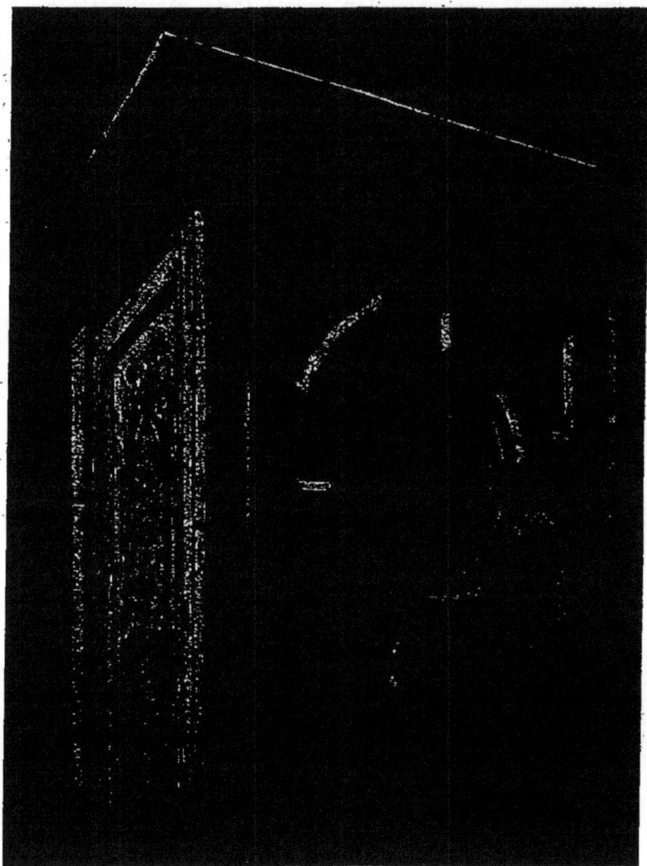

Fig. 23 — Angle d'armoire (Croquis au tableau).

automobiles et des wagons, a profondément modifié les méthodes d'ornementation qui s'appliquaient à la structure en charpente et en menuiserie des carrosses.

Le décor sculpté que comportaient les flèches ou les roues s'est trouvé sans emploi, mais les formes ont gagné en élégance ce qu'elles perdaient en richesse ; toutefois, à voir l'ornementation délicate des caisses anciennes, on se prend à regretter que notre carrosserie ait pris la même livrée de deuil que notre costume.

Sans user d'une polychromie qui, sous notre ciel trop souvent gris, serait d'un goût contestable, les essais faits pour certaines carrosseries d'automobiles, comme pour la construction extérieure et intérieure de certaines voitures de chemin de fer, montrent la richesse et la distinction qu'offre le bois apparent.

Pour les bateaux comme pour les wagons, dont les emplacements restreints ne doivent pas être rétrécis par les saillies d'un décor ajouté, les aménagements intérieurs doivent s'accorder avec la construction, plutôt que d'imiter des styles anciens, car il n'y a pas plus de logique à faire le salon d'un bateau dans le style du xviiie siècle qu'il n'y en aurait à revenir au décor fastueux des sculptures qui ornait la poupe ou la proue de nos anciens navires.

DÉCOR DES SURFACES

COULEUR

DÉCOR D'APPLIQUE

La première condition que doit remplir un décor de surface est de se tenir sur cette surface, et de ne pas la déformer.

Ce principe était appliqué, dans l'antiquité, aux scènes peintes, sculptées à bas-relief ou émaillées sur les murs ; dans l'architecture byzantine, le décor de mosaïque des coupoles s'établissait dans le sens des parallèles et des méridiens, accentuant la forme de construction ; dans l'architecture française jusqu'à la Renaissance, le décor des voûtes et des murs par la fresque, le décor des verrières, le décor des étoffes était un décor à plat, dont les personnages établis sur un même plan, se détachaient sur un fond qui ne comportait pas de perspectives.

Sous l'influence de l'art italien, le décor d'applique des murs, le décor de peinture tendaient, au xviiᵉ siècle, à donner l'illusion de perspective linéaire et aérienne : cette recherche a sa place dans le décor de théâtre parce que les perspectives peintes sur les montants et les toiles de fond se recomposent pour l'œil des spectateurs, isolés de la scène ; dans une décoration figurée sur des murs que le spectateur peut toucher, ces idées devaient conduire à des fautes de goût dont l'art français, malgré ses traditions, ne fut pas toujours exempt.

Le principe énoncé plus haut a pu régner sur l'art pendant plusieurs milliers d'années, parce qu'il s'appuyait sur la raison même ; il doit rester à la base de l'enseignement artistique.

Il résulte de cette loi que l'étude de couleur n'est pas astreinte à

la recherche des tons d'atmosphère, d'ombre et de lumière de la
nature ; l'art oriental, depuis les lions de Suse, à la musculature
accusée par des teintes conventionnelles d'émail, depuis la polychromie
puissante et franche des monuments grecs, jusqu'aux tapis persans,
l'art occidental, par les rehauts de peinture des portails du xiie siècle,
par les fresques, les vitraux et les tapisseries aux fonds rouges ou
bleus, appliquèrent constamment cette conception décorative, sans
tomber dans le défaut de chercher l'harmonie par la décoloration.

Le contour était la principale expression du dessin, ce qui n'en
excluait d'ailleurs pas la vie, comme on le voit dans les spirituelles
figures des vases grecs. Le serti soulignait le contour, lors même que,
dans la mosaïque, la peinture ou la tapisserie, il n'était pas une
nécessité comme dans le vitrail.

Une condition essentielle du décor des surfaces est encore l'échelle
des ornements ou des figures, par rapport aux dimensions de l'édifice :
nos artistes du xiiie siècle, dans les verrières des hautes nefs de nos
cathédrales, Michel-Ange, sur la voûte élevée de la chapelle Sixtine,
n'hésitèrent pas à donner des proportions surhumaines à leurs figures ;
nos tapissiers du xviiie siècle réduisirent au contraire l'échelle de leurs
figures pour les harmoniser avec les salles réduites auxquelles elles
s'appliquaient. De nos jours, on a cru trop souvent qu'une décoration monumentale exigeait des figures de grandeur humaine, ce qui a
singulièrement nui à l'aspect de certains de nos édifices.

I

MATÉRIAUX AGGLOMÉRÉS

DÉCOR DE REVÊTEMENT

L'emploi des matériaux agglomérés a été l'origine du décor de revêtement réalisé en Orient par la céramique émaillée ; dans les monuments romains, ces matériaux étaient consolidés par des chaînes de
brique s'entrecroisant et formant des cellules dans lesquelles s'incor-
poraient les marbres et les stucs ; à l'époque byzantine, au moyen-âge

et à la Renaissance, le décor de revêtement par la mosaïque, les marbres et la peinture continuait à séduire les artistes italiens.

L'architecture moderne, par la construction métallique qui comporte des points isolés offrant entre eux de grandes surfaces de remplissage, par l'emploi du ciment armé qui présente des qualités exceptionnelles de résistance, de souplesse et de légèreté, mais offre un aspect peu esthétique exigeant un revêtement, se prête à des méthodes de décor analogues à celles usitées jadis.

Pour les remplissages de la construction métallique, tous les matériaux, depuis les marbres précieux jusqu'au staff, peuvent être employés utilement, à condition toutefois qu'on ne cherche pas à leur attribuer un autre caractère que celui résultant de leur fonction dans la construction.

Le ciment armé, auquel conviennent les revêtements émaillés insérés dans le mortier, le décor par la peinture, offre le champ le plus vaste aux recherches ; dans les premiers essais de son emploi, on n'osait pas se libérer de formes qui rappelaient trop des éléments de construction en d'autres matières ; les efforts déjà faits, modifiant chaque jour les méthodes, conduisent peu à peu à des formes à la fois plus satisfaisantes au point de vue de l'exactitude scientifique, et au point de vue de l'art, formes nouvelles impossibles à réaliser en d'autres matières et susceptibles de recevoir un décor de revêtement qui, en s'y appliquant, prendra nécessairement un caractère particulier.

D'ailleurs, les monuments d'intérêt commun, hôtels de ville, tribunaux, écoles, hôpitaux, chambres de commerce, bourses du travail, fournissent les plus beaux sujets que des artistes puissent traiter, parce qu'ils représentent de grandes idées et que l'expression peut en être toute moderne, sans qu'il soit besoin de faire des reconstitutions historiques contestables (fig. 24).

La peinture décorative. — La fresque. — Le sgrafitte.

Les procédés de la peinture sont ceux qui répondraient le mieux à cette œuvre sociale, par le caractère économique de l'exécution.

Il conviendrait de reprendre les méthodes simples de la fresque, dont les tons ne noircissent pas comme ceux de la peinture à l'huile,

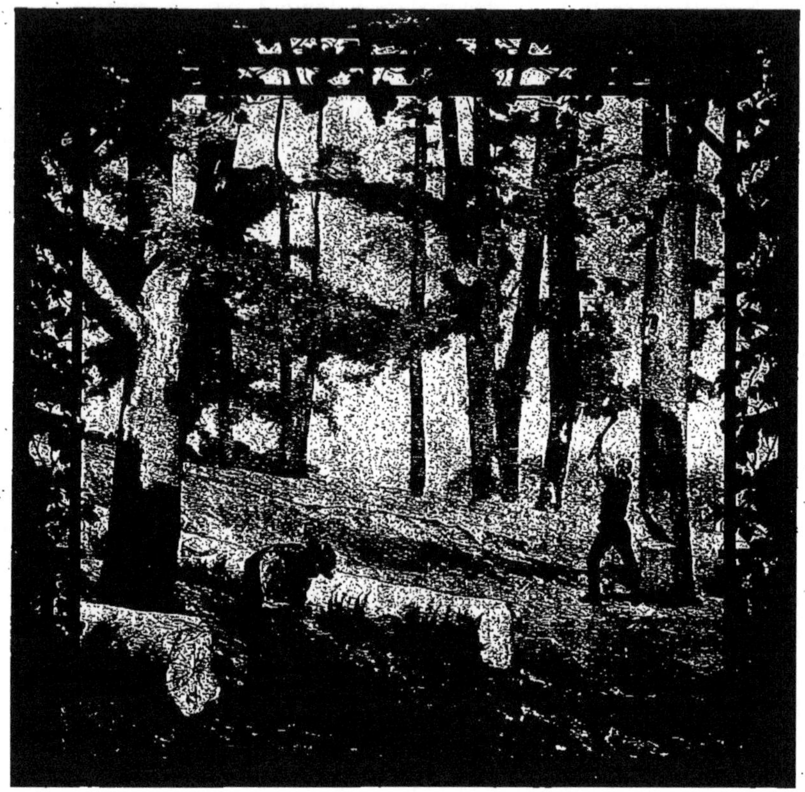

Fig. 24. — La forêt
(Fragment de la décoration du préau d'une École).

et dont la technique saine exige, avec la rapidité de l'exécution, la
sûreté d'un dessin sur lequel on ne peut pas revenir, la simplicité de
teintes qu'on ne peut guère modeler.

En France et surtout en Italie, la fresque n'était souvent qu'une
ébauche, qui était reprise par la peinture à la détrempe, à l'encaus-
tique ou à l'œuf, employée sur le mortier sec ; la feuille d'or, appliquée
à la mixtion, enrichissait la peinture.

Aucun procédé ne conviendrait mieux que la fresque au ciment
armé, qui serait un excellent support pour le mortier de chaux grasse.

Les procédés de la peinture à la colle ou à l'huile s'appliquent aux

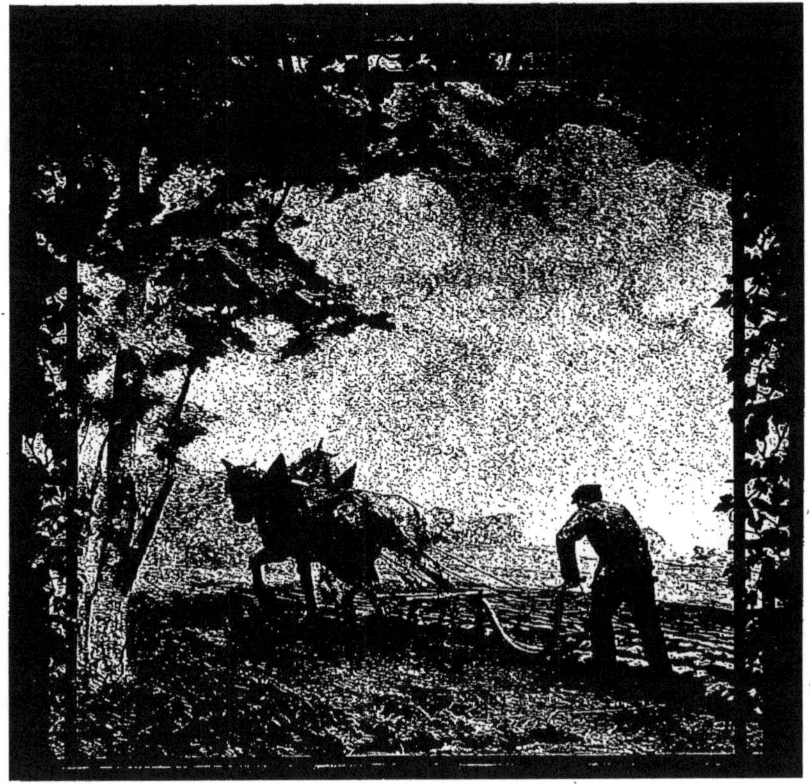

La campagne
(Fragment de la décoration du préau d'une École).

enduits de plâtre à l'intérieur des habitations : les voûtains apparents
d'un plafond en fer pourraient fournir, pour des plafonds peints, des
dispositions nouvelles ; le pochoir, qui permet une exécution économique et rapide, donne, par ses tons plats, grâce à la nécessité même
de réserver des attaches, un décor d'un caractère original.

Si simple ou si riche que soit le décor peint, il doit obéir aux
règles de décoration plane : la décoration d'un mur n'a rien de commun avec la composition d'un tableau, fenêtre ouverte sur la nature :
on regarde un tableau, tandis que la peinture décorative regarde le
visiteur, et doit créer l'atmosphère de la salle, sans que l'œil soit
spécialement attiré sur elle.

A l'extérieur, le procédé du sgrafitte, qui a été très employé en Italie, permettrait d'exécuter aujourd'hui, à peu de frais, des frises qui donneraient un aspect esthétique à nos monuments construits en matériaux agglomérés : la sobriété de cette technique, qui oblige à réaliser un décor complètement plat en deux tons, serait une garantie de bon goût.

La mosaïque de marbre et d'émail.

Jusqu'au IVe siècle de notre ère, en Grèce et dans l'Empire romain, la mosaïque employée était la mosaïque de petits cubes de marbre, qui servait à l'exécution des dallages.

Lorsqu'à l'époque byzantine, il fallut décorer les immenses édifices, faits de petits matériaux agglomérés, tels que Sainte-Sophie de Constantinople, le goût des peuples orientaux pour la couleur et l'or détermina l'emploi de la mosaïque d'émail.

Par sa constitution de petits éléments assemblés dans le mortier, la mosaïque pouvait s'appliquer à toutes les formes, envelopper la surface tout entière d'un immense velum raccordant par les tympans la voûte aux murs verticaux jusqu'à la naissance des arcs.

On évitait de descendre jusqu'au sol le décor de mosaïque de revêtement, susceptible, dans les soubassements, d'être détérioré par les frottements ou les chocs. Pour maintenir, par des rappels de couleur, l'harmonie avec la partie supérieure de l'édifice, on incrustait la mosaïque entre les champs de marbre réservés sur les murs, les colonnes, les clôtures d'appui, les chaires, les contre-marches, les dallages.

Dans la composition et l'exécution, les œuvres présentaient les simplifications nécessaires résultant de la discontinuité des teintes.

Dès le XIIe siècle, ces qualités essentielles se perdaient ; la mosaïque, par la subdivision des cubes et la multiplicité des nuances, se rapprochait de la peinture, qu'on imita, à partir du XVIIe siècle, en polissant les cubes et en teintant les joints, ce qui est la négation d'une technique dans laquelle le joint est l'expression du dessin.

Dans tout travail de mosaïque de marbre ou d'émail, l'ouvrier a un rôle considérable, parce que c'est par la manière dont les cubes sont posés, en rangées concentriques dans le sens de la forme, que le des-

sin s'accentue et que la figure ou l'ornement se modèle et se cons-
truit (fig. 25).

Le serti qui souligne les contours doit être d'intensité, de couleur

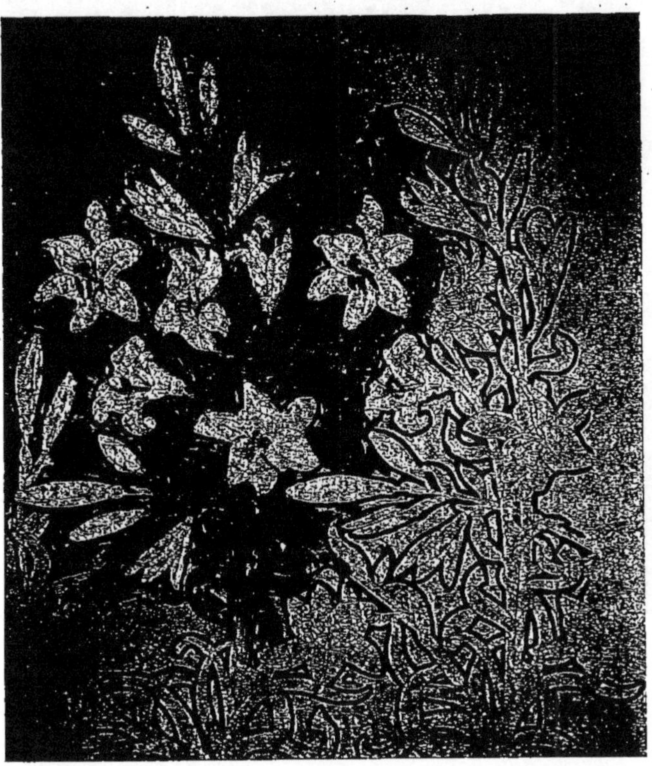

Fig. 25. — Frise en mosaïque d'émail (Croquis au tableau).

et de largeur variable, pour concourir à l'expression du dessin sans
donner de sécheresse (fig. 26).

L'exécution se fait aujourd'hui à l'atelier en collant les cubes sur
un papier fort qui porte le dessin inversé : on applique le tout sur le
mortier frais et on décolle ensuite le papier.

Les ouvriers modernes sont aussi habiles que les anciens ; mais il
faut revenir à une technique simple, grâce à des cartons qui ne soient
pas des œuvres picturales et aient en vue l'exécution : l'œuvre doit

utiliser les qualités admirables d'éclat de la matière ; elle doit éviter l'indécision des contours qui est du domaine de la peinture et non de

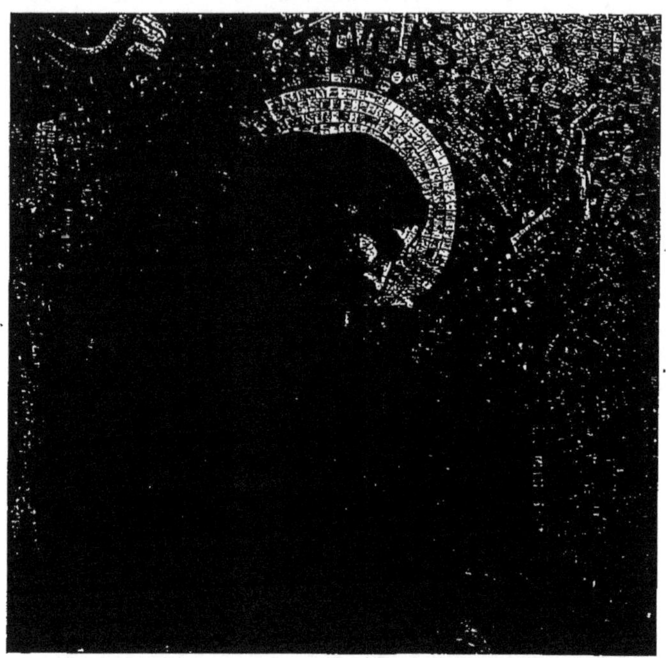

Fig. 26. — Détail d'une figure en mosaïque d'émail.

la mosaïque, puisque ces contours correspondent à l'arête de cubes qui s'ajusteront dans les lignes de construction (fig. 27).

La céramique architecturale : revêtements et carrelages.

Les procédés de décor de la céramique par la couleur varient selon la nature de la terre employée, son degré de cuisson et la dureté qu'on veut obtenir.

Pour la céramique tendre, le décor peut être réalisé par engobes d'argiles colorés, par fusion d'une glaçure ou d'un émail couvrant à base d'oxyde d'étain, ou par vitrification d'un vernis plombeux.

Pour le grès et la porcelaine, le décor se trouve lié à la nécessité d'employer des émaux qui ne se volatilisent pas à la haute température de cuisson de la terre.

Quelle que soit la méthode employée, il est essentiel que la température de cuisson et le coefficient de dilatation du décor et de son

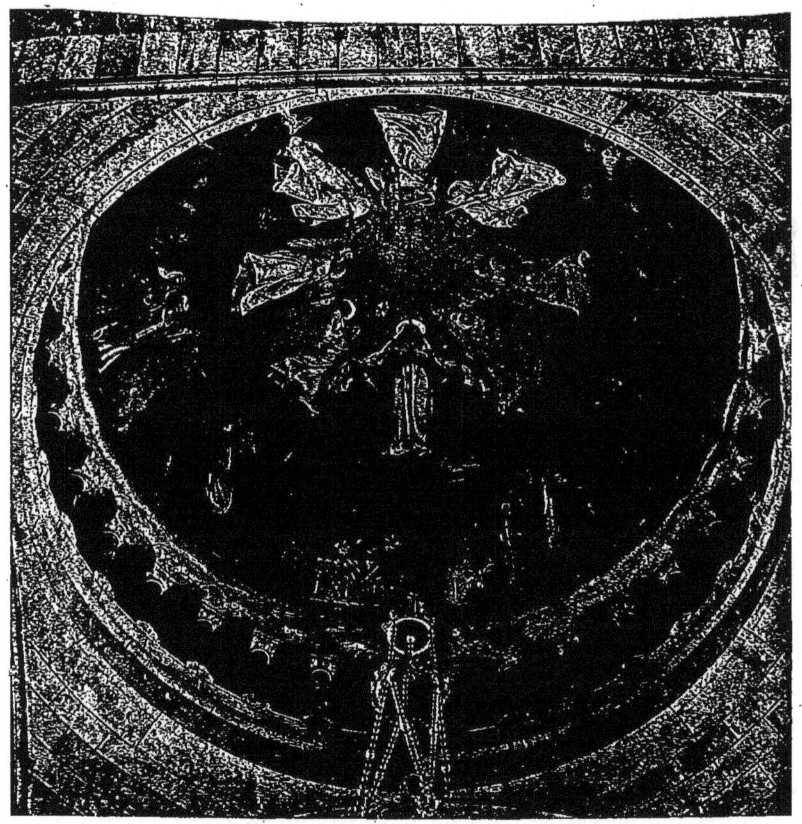

Fig. 27. — Coupole en mosaïque d'émail.

support concordent ; il faut, en outre, que la terre soit dégraissée pour éviter le gauchissement des pièces.

Il semble que la céramique puisse prendre aujourd'hui un nouvel essor. Le sol de France possède les argiles les plus variées pour la fabrication de la céramique tendre, de la porcelaine et du grès, que ce soient les terres de Montereau, les grès de Beauvais ou le kaolin de Saint-Yriex.

Grâce aux recherches nouvelles sur l'emploi du grès, la matière s'offre à nous, plus riche que pour nos devanciers.

L'architecture métallique se prête parfaitement à son emploi ; pour nos plafonds, il y a des solutions à trouver dans l'utilisation de matériaux colorés, accusant franchement la construction ; la netteté de cette matière lui permet de répondre aux préoccupations d'hygiène.

Tous les procédés anciens doivent être remis en honneur : le décor par engobes employé par les architectes grecs pour les recouvrements des charpentes ; la construction par assises de briques moulées, comportant des cloisons pour empêcher le mélange des émaux, qui réalisa les frises des lions et d'archers des palais de Suse ; la marqueterie de petits éléments découpés, émaillés et assemblés dans le mortier, qui constitua le décor des façades et des salles des monuments de la Perse, du Turkestan, du Maghreb et de l'Espagne et les carrelages français de terre incrustée et vernie, du xııe au xvıe siècle.

La richesse que les Orientaux surent tirer d'un décor pourtant exclusivement géométrique et conventionnel montre les ressources que pourrait offrir un décor plus libre, inspiré de la nature.

II

VITRAIL

L'art du vitrail a eu, pendant plus de cinq siècles, en France, une floraison unique au monde : quand on créa un système d'architecture approprié à la nécessité, dans un pays comme le nôtre, de faire pénétrer partout la lumière, on réduisit les murs à des points d'appui laissant entre eux d'immenses claires-voies ; et la décoration qui s'appliquait en Orient sur les pleins se transporta en France sur les vides, sous la forme de cette mosaïque translucide qui crée l'atmosphère de nos cathédrales.

Aujourd'hui le problème est résolu par le fer d'une manière plus complète encore et, si l'emploi de la céramique est indiqué pour les

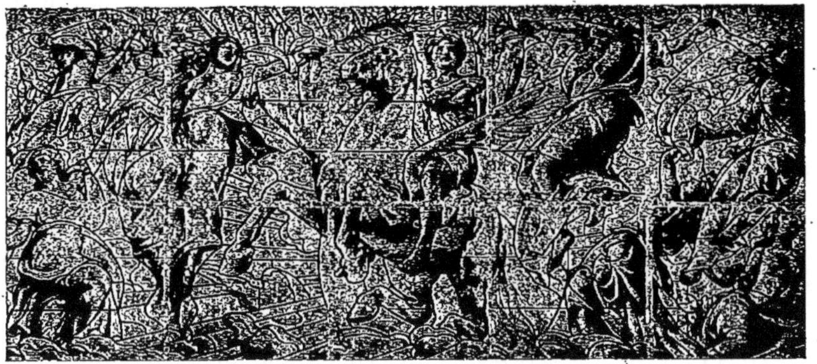

Fig. 28. — Apollon et les Muses (Carton de vitrail).

remplissages, celui du vitrail s'impose pour les baies : le vitrail n'obscurcit pas la lumière, mais la colore seulement, pourvu que, comme la belle technique l'exige, il ne soit pas chargé en grisaille.

Il faut que la composition soit faite en vue du vitrail et de ses nécessités de structure : les verrières de Saint-Denis, de Sens, de Chartres, de Poitiers, montrent le parti à tirer des armatures comme d'une affirmation de disposition ; la composition sera aussi souple que le voudra l'artiste, s'il prévoit à l'avance le passage des barres, s'il se préoccupe des plombs qui sont souvent, dans les figures, l'occasion de l'arrangement d'un geste ou d'une draperie (fig. 28).

De plus, elle doit être moderne et ne pas pasticher, comme on le fit pendant toute la seconde moitié du xixe siècle, des œuvres anciennes, que nous ne saurions copier, parce qu'elles comportaient des naïvetés dont la sincérité faisait le mérite.

Chaque époque a eu sa manière particulière de traiter le vitrail ; du xiie au début du xive siècle, le vitrail était un tapis transparent, essentiellement décoratif, où la figure ne comptait que comme un ornement avec des simplifications de formes et de modelés par hachures ; plus tard, la beauté de la forme humaine devint l'idéal du peintre-verrier comme de tous les artistes, et le côté décoratif de la verrière fut sacrifié au caractère naturaliste et personnel de la figure, qu'Engrand le Prince, Pinaigrier et Jean Cousin recherchaient par le modelé à teintes, par les rehauts de grisaille colorée ; à la fin du xvie siècle,

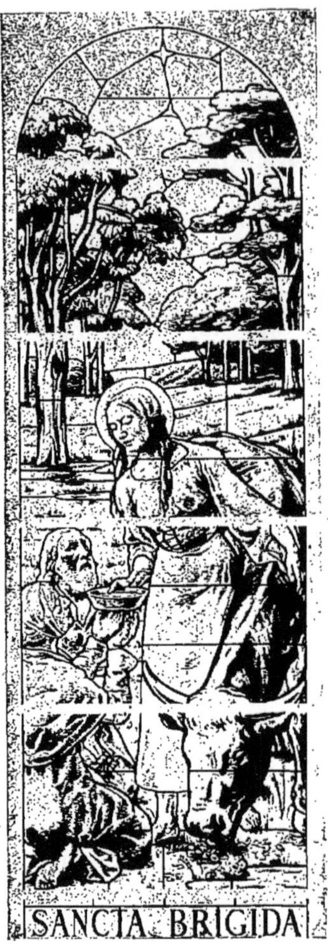

Fig. 29. — Sainte Brigitte
(Carton de vitrail).

on oublia que le vitrail devait être une œuvre de décoration et on en fit un tableau : on arriva même à ne plus comprendre que le plomb est une nécessité de dessin et on employa des émaux translucides pour éviter les plombs ; les vitraux d'appartement, comme les vitraux suisses, pouvaient seuls s'accommoder de ces tendances, qui allaient à l'encontre d'un art monumental.

Nous devons, à notre tour, avoir notre compréhension particulière du vitrail : composant notre œuvre selon les principes de la décoration plane, nous traiterons, sans souci prétentieux d'archéologie, les charmantes légendes des vitraux d'église (fig. 29), comme les sujets modernes (fig. 30) ; nous adapterons notre composition à sa destination : nous devrons adopter un parti franc de colorations puissantes ou de verre incolore, mais éviter les tons fades : les mises en plombs des vitraux cisterciens du xiie siècle nous montrent la richesse que pourrait avoir le verre incolore, si on y appliquait la mise en plombs d'un décor floral (fig. 31).

Nos verriers fournissent aujourd'hui une gamme de tons aussi belle que la fournissait le passé, par la fabrication des verres nuancés dans la masse, des verres plaqués ou teintés à plusieurs couches permettant d'obtenir, par la gravure et l'application des jaunes d'argent, les plus grandes richesses.

La coupe du verre peut contribuer largement au modelé, si elle tient compte des nuances et des veines du verre ; la grisaille doit être traitée aussi légèrement que possible et son rôle n'est pas de changer la valeur d'un ton.

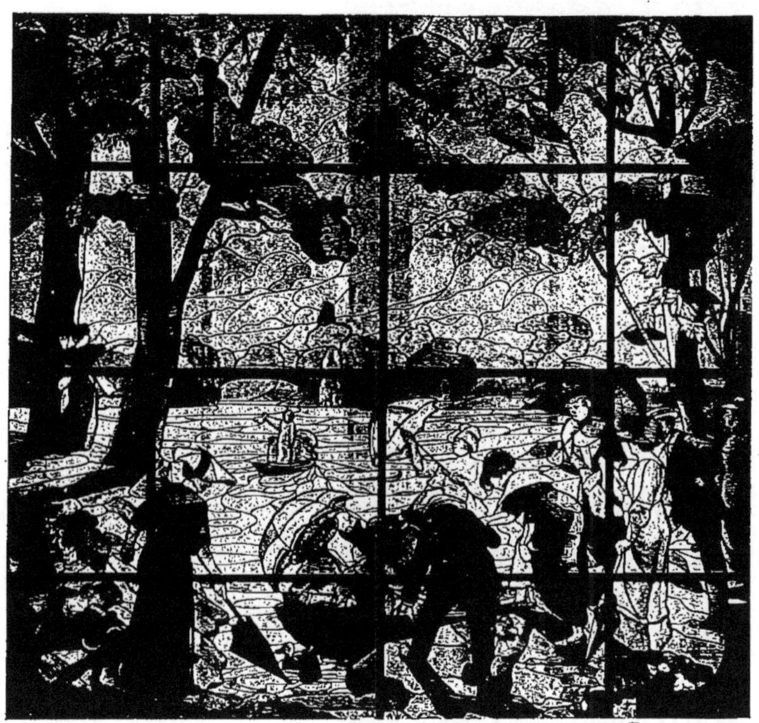

Fig. 30. — Vitrail. Soir d'été au Bois de Boulogne.

III

INDUSTRIES TEXTILES

AMEUBLEMENT. — COSTUME

Toute étoffe est le résultat du tissage de fils d'origine végétale ou animale ; le tissu le plus léger ne comprend qu'une chaîne et une trame et est alors réversible ; la chaîne est ourdie pour que, par le levage ou l'écartement des lisses, la navette puisse y intercaler la trame ; pour donner plus de corps à l'étoffe et plus de ressources au décor, on emploie plusieurs chaînes et trames.

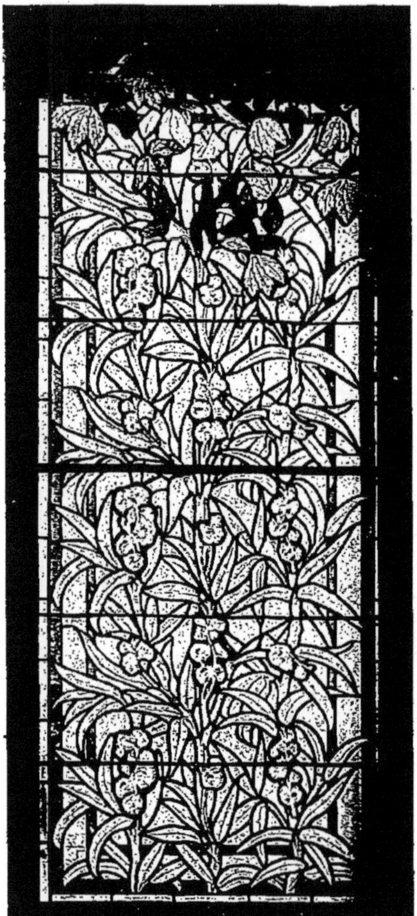

Les étoffes légères que les fouilles récentes de Haute-Égypte ont mises au jour, étaient des toiles de lin dont les ornements de coloration intense étaient exécutés à la manière d'une tapisserie sur les chaînes, les fils de trame ayant été coupés dans la limite extérieure du dessin : ces étoffes souples, dont les plis gracieux accompagnaient tous les mouvements du corps, furent employées dans l'antiquité grecque comme à l'époque byzantine.

En Assyrie, les étoffes figurées sur les bas-reliefs paraissent avoir été des étoffes lourdes, décorées de broderies et de galons.

C'est d'Orient, c'est de Perse que vinrent, par l'intermédiaire de Venise, qui fut au XV° siècle l'entrepôt du commerce de l'Orient et de l'Occident, la soie, les riches brocarts tissés d'or.

Fig. 31. — Vitrail incolore à décor floral mis en plomb.

Aussi l'influence orientale, dont les étoffes roées présentaient, dans les médaillons circulaires, des animaux affrontés, lions, griffons ou paons, se maintint longtemps en Occident dans le décor à la grenade et à l'œillet des orfrois, des brocatelles et des velours, tandis qu'un décor différent, d'inspiration locale, suivait l'orientation du goût.

A la fin du xviiie siècle, une autre influence, originaire d'Extrême-Orient, se faisait sentir ; d'autre part, le décor des tissus de coton par impression développait le procédé séculaire de la peinture des étoffes.

La tenture et le vêtement suivirent une évolution parallèle, présentant les caractères différents qui doivent les distinguer.

La tenture, quand elle n'était pas une tapisserie, comportait un décor de broderie ou des ornements tissés se répétant suivant des enlacements linéaires qui amplifiaient la disposition, motifs de rinceaux à la Renaissance et jusque sous Louis XIV, de rubans sous la Régence et de rayures à la fin du xviiie siècle. Longtemps les étoffes destinées à l'ameublement furent spécialement composées pour les formes des sièges et des dossiers.

Pour le vêtement, on composait des étoffes dont le décor continu était un semis de fines silhouettes s'enlevant sur un fond de valeur différente : le décor des broderies qui souvent étaient ouvragées au point de comporter des figures, le dessin des dentelles participaient à cette ornementation d'une échelle très réduite.

A travers les siècles, le décor des étoffes et la coupe des vêtements ont suivi, plus que toute autre chose, la mode. La mode est souvent tombée dans des exagérations en prétendant modifier l'aspect des formes du corps : la coquetterie féminine a toujours eu assez vite raison de ces erreurs. On ne saurait en dire autant de la mode masculine, qui a présenté des périodes plus ou moins heureuses, qui sans doute était sous Louis XIII plus sobre et plus virile que sous Louis XIV, mais qui n'était jamais tombé au degré de laideur où elle se complaît depuis un siècle.

Dans nos costumes, dont les formes bizarres s'accordent si mal avec les mouvements du corps, on chercherait vainement une esthétique, qui semble aujourd'hui réfugiée dans les formes et les notes de couleur des vêtements ouvriers.

Il ne faut pas désespérer de l'avenir et c'est par la diffusion du goût qu'on peut espérer voir se modifier un jour la mode masculine.

Les tissus de lin et de coton, de laine et de soie.

Dans toute étoffe tissée, la composition et l'exécution sont intimement liées ; la composition, par la nécessité du tissage continu dans le sens de la longueur, doit prévoir les raccords des motifs entre eux : ainsi le motif ne doit pas être composé pour lui-même, mais pour son effet de répétition.

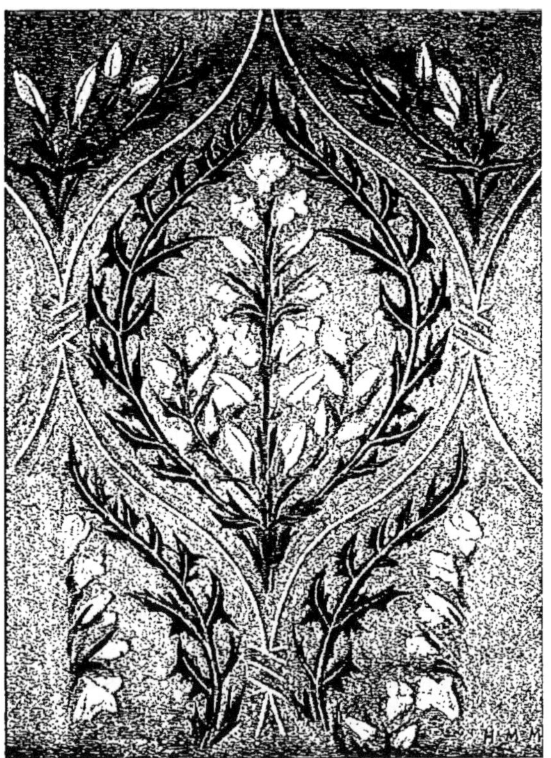

Fig. 32. — Carton de tissu pour tenture.

Le caractère artistique d'une étoffe résulte de l'harmonie des lignes qui enveloppent les motifs, de l'importance des ornements par rapport au fond, du contour de ces ornements et des oppositions, audacieuses des valeurs et des couleurs (fig. 32).

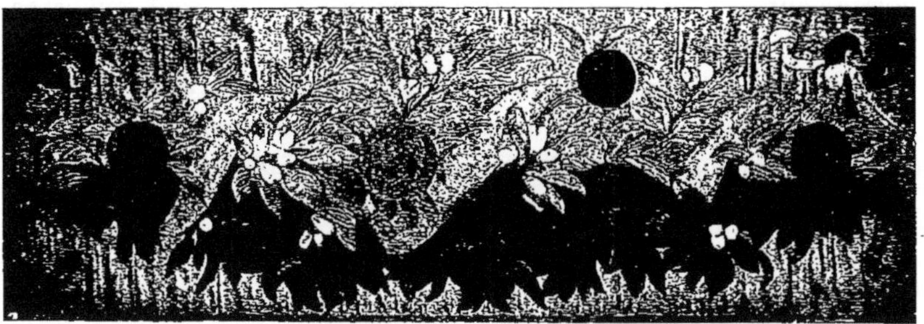

Fig. 33. — Frise en tissu de soie broché.

C'est par la structure même du tissu que ces qualités peuvent être obtenues ; ce que le peintre exprime par des ombres et des lumières, par le sens d'un coup de pinceau, l'étoffe le donne par le point qui constitue les armures, dont les principales sont le taffetas, le sergé, le satin : la matière de l'étoffe prend un aspect et un éclat très différents selon l'armure adoptée (fig. 33).

Le damas donne un effet simple par l'opposition entre le taffetas formant le dessin et le satin formant le fond : c'est le tissage serré du taffetas qui donne à l'endroit de l'étoffe l'impression d'une saillie détachant le dessin du fond.

Dans la brocatelle, le gaufrage de l'armure est augmenté par un lac en fil de chanvre formant fourrure et corsant la chaîne ou la trame.

Si l'on veut décorer le tissu par des reliefs, le velours les donne par l'emploi de chaînes indépendantes ou fils de poil bouclés ou coupés.

A côté des combinaisons de points, la brocatelle et le lampas donnent, par le lattage ou le brochage, le moyen de varier les couleurs.

C'est par la mise en carte du dessin sur un quadrillage grandi que peut se faire la lecture, qui détermine, dans chaque rangée de points, le nombre et la place des fils de chaîne à lever pour le passage des trames : l'opération se fait aujourd'hui par les aiguilles de la mécanique Jacquard qui, passant par les trous du carton, permettent aux crochets de soulever les fils correspondants.

L'industrie, substituant le moteur à la force humaine, a créé, notamment dans le Nord de notre pays, de grands ateliers réalisant l'économie dans la fabrication. D'ailleurs les produits en sont moins parfaits que ceux réalisés par les métiers manuels grâce auxquels, en dépit de la mécanique Jacquard, l'ouvrier amoureux de son art peut encore mettre beaucoup de lui-même dans l'exécution fraîche et moelleuse d'un damas ou d'un lampas, dans la netteté de coupe nécessaire à la bonne exécution d'un velours.

La broderie.

La broderie blanche ou de couleurs n'obéit pas, dans la composition et l'exécution manuelle, aux nécessités de structure des étoffes tissées : c'est au contraire un art très libre dont les lois sont celles du dessin et de la peinture décorative.

L'aiguille, véritable pinceau, suit le sens des muscles et des draperies des personnages, dessine la construction des fleurs et des feuilles par la marche régulière et alternée des points.

La broderie, pratiquée dès l'antiquité, rehaussait, au xiie siècle, les tentures et les vêtements ; ne se limitant plus aux bordures et aux parements, elle recouvrait les chasubles, les chapes et les mitres comme les cottes, comme les housses de chevaux et les bannières, comme les aumônières et les coussins d'ameublement. Elle se développait en Italie, en France et en Angleterre, puis en Allemagne au xve siècle, en Espagne et en Flandre au xvie : la figure était exécutée avec autant de perfection que l'ornement floral et les rinceaux.

Pendant les siècles suivants, elle n'avait plus les mêmes qualités décoratives, surtout en ce qui concerne l'exécution des figures, qui tombait dans l'exagération des détails, mais elle restait l'ornement charmant des vêtements. La variété des procédés anciens, d'or uni, d'application, au passé, en ronde-bosse, en couchure, en paillettes, doit aujourd'hui rester en usage.

A côté de la broderie à la main, la broderie mécanique a pris, depuis un demi-siècle, à Calais, à Saint-Quentin, à Lyon, aux environs de Paris, un grand développement, pas assez grand cependant pour que la Suisse et l'Allemagne ne lui fassent une sérieuse concurrence.

Les qualités d'exécution de la lingerie de luxe fabriquée à Paris ou

dans les Vosges attestent l'habileté de nos ouvriers ; mais il est nécessaire que les modèles, sortant des pauvretés d'invention du siècle der-

nier, aient une valeur artistique analogue à celle des cartons peints ou modelés traités
par la broderie d'or en Italie ou
par la broderie de ronde bosse
sous Louis XIV (fig. 34). Les
broderies de la Chine et du
Japon nous montrent que, si
un art peut être moderne et
s'inspirer de la nature, c'est
bien celui-ci.

La dentelle et la guipure.

La dentelle et la guipure, à
l'aiguille ou aux fuseaux, qui
durent prendre naissance à
Venise et dans l'Italie du Nord
à la Renaissance, quand les
toiles fines s'ornèrent de broderies à points coupés, se développèrent simultanément en
France, en Allemagne, en Angleterre, en Espagne et en Flandre.
Au temps de Colbert, Alençon et Argentan devinrent les

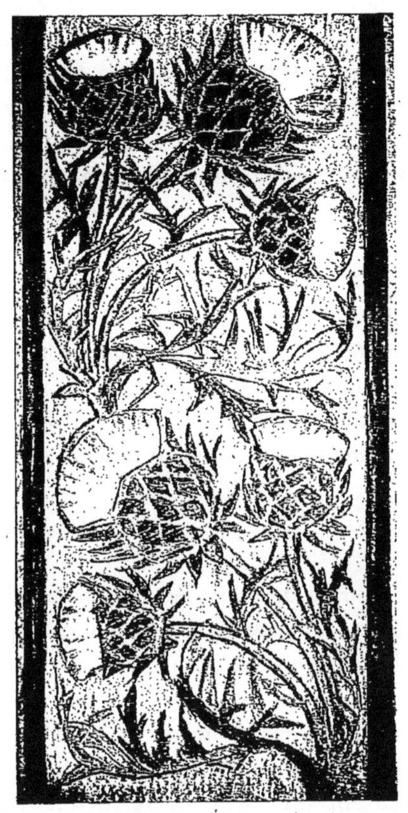

Fig. 34. — Bordure en broderie d'or
(Croquis au tableau).

centres où l'on travailla d'abord la dentelle selon les méthodes usitées
à Venise, et où on s'affranchit ensuite de l'influence étrangère pour
fabriquer le « Point de France ». La variété des compositions françaises qui s'appliquaient au costume des hommes et des femmes, aux
devants d'autel, est plus grande que celle des « Points de Venise »,
dont la qualité réside dans les oppositions très franches de pleins et
de vides, dans des valeurs que prennent certains reliefs.
Le décor des dentelles et des guipures, parfois mièvre, souvent lar-

gement composé de médaillons et de guirlandes, se développait pendant la fin du xviie siècle et durant le cours du xviiie, et les dentelles françaises eurent une vogue universelle.

A la fin du xviiie siècle, on commençait, en Angleterre, à fabriquer les tissus à mailles claires, les tulles sur lesquels on brodait à l'aiguille des motifs analogues à la dentelle.

Sous la Restauration, des métiers fonctionnèrent à Calais, plus tard à Lyon : les industriels français appliquèrent la mécanique Jacquard à la fabrication de la dentelle et donnèrent à cette industrie un caractère national.

Les imitations de point à l'aiguille et de guipure se prêtent à la garniture des robes comme à la fabrication des rideaux. La délicatesse du travail manuel des femmes reste supérieure pour des œuvres qui s'appliquent directement sur la peau ; mais il y a de fort belles compositions à créer dans un esprit moderne pour les programmes économiques que réalisent les moyens mécaniques.

La tapisserie.

Le rôle de l'ouvrier qui exécute la tapisserie de haute lisse, en faisant la duite à travers les deux nappes verticales de chaînes ramenées alternativement en arrière, est aussi important que celui de l'artiste qui compose le carton, car le choix des laines ou des soies, l'interprétation des contours par le décrochement des points, surtout quand il s'agit de l'exécution d'une figure, le modelé par les hachures d'un ton entrant dans un autre ton demandent une habileté et un goût dont dépend la réussite de l'œuvre.

Les qualités de la composition et de l'exécution se retrouvent dans toutes les tapisseries qui sont sorties des ateliers français et de ceux des Flandres, et ont suivi, à partir du xive siècle, la même évolution que la peinture décorative et le vitrail. Les personnages étaient détachés sur des fonds unis, semés d'animaux, de fleurs ; plus tard les scènes s'encadraient dans des architectures conventionnelles, traitées décorativement ; la soie et l'or enrichissaient l'exécution. Ces traditions se poursuivaient jusque dans les tapisseries de l'École de Fontainebleau.

Cependant, lorsque les artisans des ateliers parisiens furent réunis pour constituer, sous la direction de Le Brun, la Manufacture des Gobelins, on tendait à considérer les tapisseries comme des tableaux : on multiplia les perspectives, on traita les bordures à l'imitation de cadres de bois sculptés et dorés, et on oublia le caractère d'étoffes des tapisseries au point de les tendre comme les toiles des peintures. Quelles que soient la beauté de dessin et la perfection d'exécution des œuvres sorties de la Manufacture, on doit constater qu'elles s'écartaient du sens décoratif dans lequel la tapisserie avait été traitée jusque-là, et qui subsistait davantage dans les tapisseries d'ameublement de Beauvais et d'Aubusson.

Ce qui est particulièrement à retenir dans la composition des tapisseries de cette époque, c'est la notion très juste d'une échelle appropriée à la dimension des salles à orner ; mais nous devons revenir à la tradition du décor à plat, exprimé par la recherche des contours et par un modelé simple utilisant peu de tons, sans tomber dans la multiplicité des nuances qui fait de la tapisserie une médiocre peinture, dépourvue d'accent ; il faut éviter les perspectives qui décomposent la surface ; les bordures doivent faire corps avec l'étoffe, ne pas donner l'effet d'une bande rapportée, retournée d'onglet, mais être composées dans le sens vertical où elles sont vues : ainsi les bordures haute et basse doivent être traitées autrement que les bordures latérales et peuvent même avoir une largeur différente (fig. 35).

Les tapis.

Les principes de composition plane doivent être appliqués au décor des tapis avec plus de rigueur encore qu'à celui des tapisseries. Il est contraire à toute logique d'exprimer sur un tapis des formes verticales, des guirlandes suspendues, ou des reliefs de cartouches ou d'ornements modelés par des lumières et des ombres.

La nature, par le rythme de la répartition des fleurs dans les prairies, par la disposition des feuilles, tombées des arbres à l'automne, dont les contours dorés se détachent des colorations du sol, nous montre quelle richesse un décor à plat peut offrir.

Les Orientaux surent profiter de la leçon que donne la nature : c'est

par l'éclat et la puissance des tons, par les fonds différents au milieu
des tapis et dans les bordures, par la répartition des taches de couleur reliées au moyen de rinceaux courant horizontalement, que leurs
plus belles œuvres se distinguent.

Les tapis sont d'ailleurs d'autant plus moelleux sous le pied que
leur exécution, analogue à celle des velours, laisse à la laine coupée
une hauteur plus grande ; mais cette hauteur de laine a pour résultat
que le dessin se déforme sous la marche et ne saurait avoir, par suite,
la rigueur d'ornements architecturaux, encore moins de figures ou
d'animaux.

Qu'il s'agisse de tapis de Savonnerie exécutés à la main ou de
moquettes et de carpettes fabriquées sur les métiers mécaniques, les
règles de composition sont les mêmes ; l'extension du travail des
machines devrait donner naissance à une production moderne artistique d'autant plus intéressante au point de vue commercial et au
point de vue de la diffusion du goût que le nombre des exemplaires
est plus considérable : d'ailleurs un même dessin peut comporter des
colorations différentes et par là le rendement d'un seul modèle est
encore amplifié.

Il y a des recherches délicates et nouvelles à faire pour les valeurs
de tons des tapis : dans nos appartements, la lumière, en raison de
l'étroitesse des rues, vient de très haut et c'est par son reflet sur le
sol que les pièces s'éclairent ; il y a, par suite, intérêt à chercher des
dominantes claires qui aident à ce reflet, quitte à adopter une ornementation fine et de coloration puissante afin de ne pas tomber dans
la fadeur.

L'impression des tissus.

L'idée de peindre sur une toile pour réaliser à peu de frais un décor
existait dès l'antiquité égyptienne ; les toiles peintes du Musée de
Reims, qui ont échappé aux incendies des obus allemands, sont parmi
les exemples les plus importants que nous aient laissés le moyen-âge.

C'est au xviiie siècle, avec l'invention des tissus de coton que le
procédé devint industriel : Oberkampf créa à Jouy une fabrique de
toiles peintes par impression au moyen de planches gravées.

Ce procédé économique, qui prit une extension considérable, s'ap-

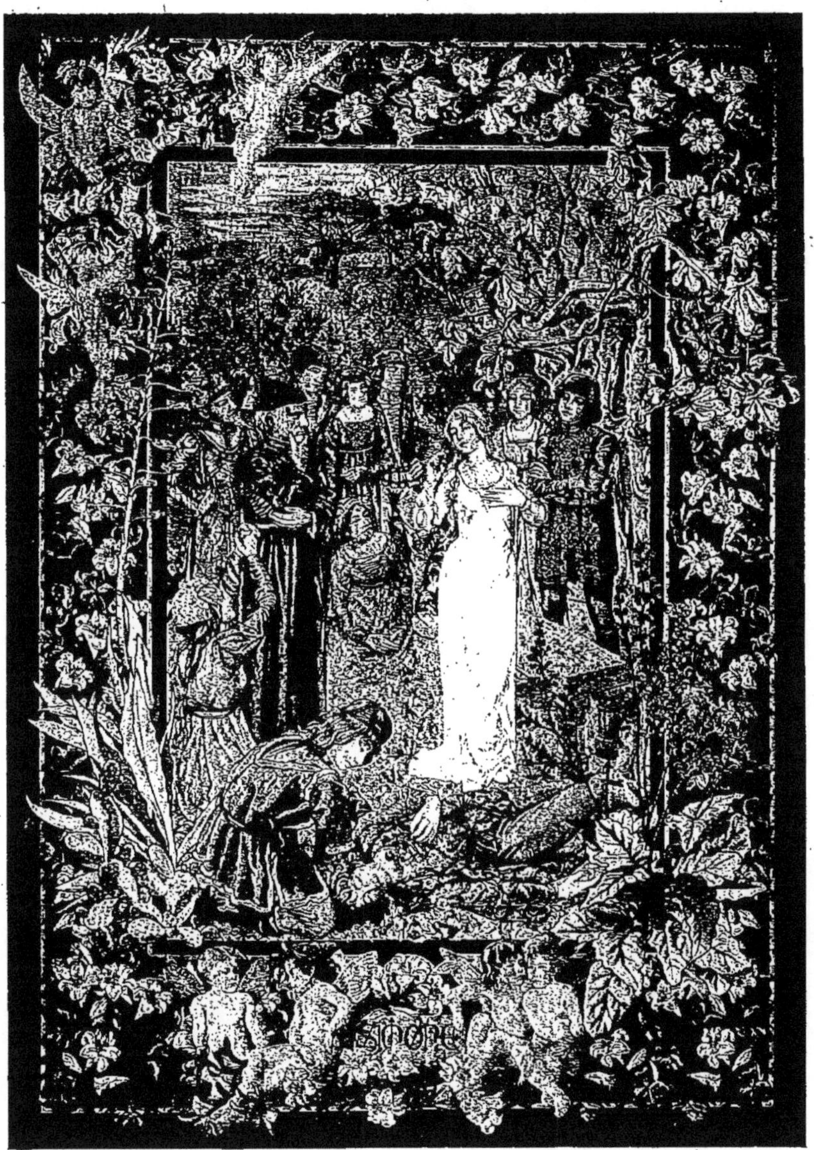

Fig. 35. — Simone. Carton de tapisserie.

pliqua à la fabrication des étoffes de tenture et d'ameublement, comme
aux robes et aux châles.

Il ne saurait être question de réaliser par cette méthode la richesse
de matière d'une étoffe tissée ; et ce serait une erreur que de chercher
par l'impression à imiter, comme on l'a fait parfois, les décrochements
des points.

L'impression d'un décor gravé à taille-douce dans un cylindre tire
sa valeur de la franchise du procédé, qui permet de ne pas s'astreindre
au quadrillage du tissu.

De nos jours, des décorateurs ont employé le pochoir pour peindre
sur des toiles un décor floral de tenture : c'est un procédé ingénieux
pour réaliser à peu de frais une étoffe originale s'adaptant exactement
à la décoration d'une salle.

IV

IMPRESSION DU PAPIER

Le livre. — La gravure sur bois et sur cuivre. — La lithographie,
la chromolithographie. — Les procédés mécaniques.

Il semble que les premiers imprimeurs aient eu le souci d'imiter
par leurs livres les manuscrits aux lettres et aux encadrements ornés,
aux vignettes à fond d'or. Sur les incunables du xve siècle, les ini-
tiales étaient réservées et la miniature les rehaussait ; au début du
xvie siècle, les gravures au trait étaient encore parfois peintes à la
gouache.

La qualité du papier sur lequel furent imprimés les premiers livres
qui, en dépit des années, ne se sont pas piqués, ont à peine jauni,
pourrait être prise pour modèle aujourd'hui, car le papier de la plupart
de nos livres, si l'on excepte les tirages de luxe, ne saurait résister à
l'épreuve du temps.

De même, pour les caractères d'imprimerie, les lettres de forme
et de somme dites gothiques, la bâtarde, l'italique, les caractères
romains, furent l'objet d'une étude artistique dont les alphabets admi-

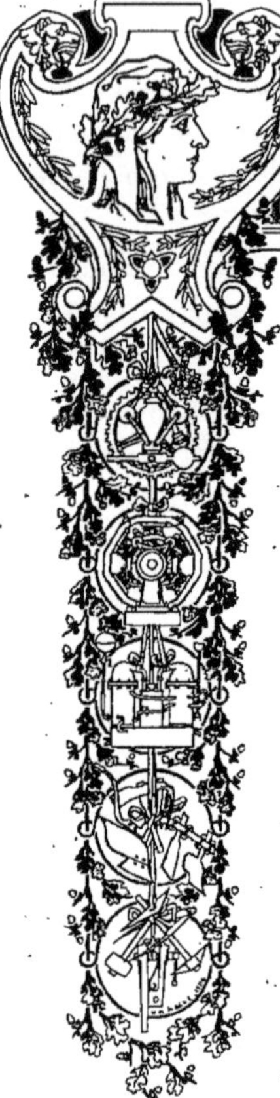

Fig. 36. — Projet
d'en-tête de page.

rables de Garamond, conservés à l'Imprimerie Nationale, nous donnent l'exemple.

Les procédés modernes de clichage, des presses mécaniques ou rotatives, ne sont pas un obstacle au dessin artistique des lettres qui ne saurait toutefois être rénové par la fantaisie et est astreint aux lois de proportion et d'équilibre qui s'appliquent à toute œuvre d'art.

La gravure sur bois, qui décorait, au xvie siècle, les Heures de Vérard, de Simon Vostre, de Pigouchet, d'Hardouin, et qui traduisait les compositions d'Holbein et d'Albert Dürer comme de Tory et de Jean Goujon, la gravure sur cuivre, à l'eau-forte ou au burin, qui servait à exprimer les valeurs puissantes, les effets de lumière des œuvres pleines de vie de Callot ou de Rembrandt comme la grâce des dessins de Boucher, d'Oudry, de Moreau, ont été remises en honneur, au xixe siècle, par l'École romantique.

La lithographie, suivie de la chromolithographie, puis de la zincographie, des procédés de l'héliogravure, apportait de nouvelles ressources ; l'illustration en couleurs, appliquées mécaniquement ou au patron, fait chaque jour des progrès.

Il faut actuellement faire une distinction entre la gravure originale et les applications de la reproduction mécanique des photographies, telles que la phototypie et la photogravure. Pour des ouvrages de vulgarisation artistique, pour la reproduction d'œuvres peintes ou sculptées, les procédés mécaniques tirent leur intérêt de l'économie ainsi que de l'absence d'interprétation qui donne une image fidèle de l'œuvre représentée ; au contraire, pour l'illustration originale d'une œuvre littéraire, la gravure en noir ou en couleurs devrait reprendre tous ses droits, et le graveur ne devrait pas se borner à être le traducteur d'un dessinateur ; il devrait composer et exécuter lui-même ses bois ou ses cuivres. Les estampes japonaises montrent à quelles délicatesses de dessin et de couleur peut atteindre une illustration, et les essais récents de gravure originale faits chez nous doivent donner confiance dans l'avenir.

D'ailleurs les procédés économiques de la zincographie peuvent présenter des qualités typographiques analogues à celles qu'offrait la gravure sur bois par son dessin au trait, ses noirs francs et ses fonds criblés (fig. 36).

L'affiche.

L'art de l'affiche est essentiellement moderne. Au XVIe siècle, on affichait les Ordonnances royales ; au XVIIe, les publications de librairie, les avis d'enrôlement et de soutenance de thèses ; au XVIIIe, les représentations théâtrales. Mais ce n'est qu'au siècle dernier que les affiches de librairie commencèrent à être des œuvres d'artistes tels que Raffet, Gavarni ou Nanteuil.

L'invention des machines à imprimer permettant l'emploi de pierres lithographiques provoqua l'essor de cette industrie d'art qui s'appliqua dès lors à toute sorte de réclame ou de publicité.

Les affiches sont devenues la joie de nos murs : une affiche doit attirer l'œil, et par suite comporte des couleurs éclatantes, qui, entre les mains d'artistes, ont produit des œuvres remarquables ; récemment on est parfois tombé dans des bizarreries qui peuvent être au profit de la réclame, mais nuisent singulièrement à l'art, comme de faire des affiches à fond noir ou très foncé : l'affiche troue alors le mur et manque à la première de ses conditions décoratives. C'est par la tache de couleur, et par l'esprit du dessin simplifié, sommaire, caricatural même que vaut l'affiche.

Le papier peint.

Le papier peint procède du même esprit que les étoffes peintes, et a pour but de suppléer économiquement, pour le décor des murs, à la peinture, à la céramique, aux tentures tissées ou au cuir. Aussi, comme dans les étoffes, la préoccupation des raccords prévus en hauteur et en largeur tient une place importante de la composition.

C'est en Normandie qu'apparaissent, au xviie siècle, des fabriques d'écrans et de papier velouté pour tentures réalisés au pochoir. Avec les planches à imprimer en bois, enluminées à la main, puis avec les cylindres gravés facilitant l'exécution des lés en rouleau, les procédés de décor se développèrent.

L'invention des machines à plusieurs cylindres, mues par la vapeur, permit d'augmenter le nombre des couleurs ; par la machine à cylindrer, les dessins furent gaufrés à l'imitation des velours et du cuir ; en même temps, l'emploi des couleurs à la colle était perfectionné, et le papier peint réalisa en France des progrès constants.

Cette industrie, d'une haute portée artistique et sociale, car elle permet de décorer la plus humble demeure, risquerait de décliner si elle se tenait aux reproductions de styles et ne progressait que par la multiplicité des ressources d'exécution : elle est entrée aujourd'hui dans une voie moderne, et il n'est pas douteux que des artistes puissent, dans cet esprit, réaliser des compositions dignes des admirables damas qu'on exécutait à la planche et au pochoir au début du xviiie siècle.

V

TRAVAIL DU CUIR

Costume. — Sellerie. — Ameublement. — Reliure.

Le cuir tanné apparaît à l'origine de toutes les civilisations primitives à l'usage de récipients pour les liquides, de vêtements, de chaussures et d'armes défensives. Les sandales antiques, les souliers occidentaux, les babouches orientales, offrent un décor de découpures et de broderies très varié en même temps que des recherches de formes qui, de même que de nos jours, ne sont pas toutes logiques. Les cuirasses antiques, les boucliers arabes étaient des œuvres d'art, comme aussi les ceinturons, les selles et les harnais enrichis de métal.

Le cuir a servi de tout temps à constituer les lanières des sièges pliants ; son emploi devint particulièrement artistique quand il fut travaillé au repoussé pour obtenir des gaufrages, gravé, ciselé, peint et doré ; ce travail était d'origine orientale et se développait en Espagne, où les cuirs de Cordoue sont restés célèbres, et en France, à partir de la Renaissance : il existe encore aujourd'hui des salles qui ont gardé ce décor de tenture, dont la richesse s'allie harmonieusement avec la garniture des sièges. Le cuir obéit, pour ce décor, aux règles de composition qui s'appliquent aux étoffes, et peut prêter à des applications modernes analogues, notamment dans les voitures qui servent aux transports publics.

La reliure, dont l'origine remonte à l'invention des manuscrits sur feuillets carrés, est un des emplois les plus délicats des procédés de travail du cuir.

Les reliures des évangéliaires comportaient, au moyen-âge, l'emploi de l'ivoire, du métal, des émaux. Avec l'invention de l'imprimerie se développa l'usage du cuir : le veau, la peau de truie se prêtaient à l'estampage à froid qui constituait le décor des plats sur ais de bois de la fin du xve siècle, enrichis de parties métalliques pour les coins et les fermoirs.

A côté de ce décor de bas-relief, le dessin de figures, d'emblèmes, de rinceaux, de filets, était obtenu à l'aide de petits fers pour dorer à la main ou de blocs donnant à la presse des armes, des guirlandes ou même des encadrements tout composés. Au xvie siècle, certains de ces ouvrages étaient d'un travail charmant, comme les reliures « au pot cassé », marque de Geoffroy Tory ; les plus grands architectes de l'époque collaboraient à la composition de ces reliures en maroquin à compartiments comportant la mosaïque de peaux teintes et découpées.

Au xviie siècle, Clovis Ève, Ruette, au xviiie, Padeloup, Derome, au xixe siècle, Marius Michel, Lortic, Gruel maintenaient les traditions de bonne exécution et de goût.

Par les fers, la roulette ou la mosaïque, le cuir se prête au décor le

plus varié : la composition s'affirme par les compartiments, par l'opposition entre les ornements et la beauté de la matière laissée à nu
(fig. 37).

Le dos des livres, grâce aux nervures offrant entre elles des surfaces à décorer, exige un décor encore plus délicat, d'autant plus
important que, dans nos bibliothèques, le dos des livres est plus en
vue que les plats.

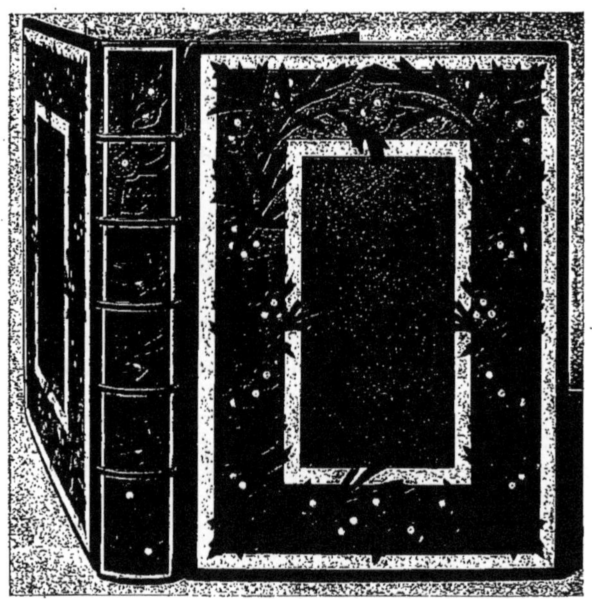

Fig. 37. — Reliure en mosaïque de maroquin.

DÉCOR COMBINÉ DE RELIEF ET DE COULEUR

A la recherche de la forme s'ajoute souvent un décor de surface qui concourt à l'effet artistique : ce décor peut être de la même matière que l'objet, comme cela a lieu pour l'émail qui enrichit les vases de verre, ou bien la matière formant la structure sert seulement de support pour le décor, comme c'est le cas de la membrure de bois recevant la marqueterie de cuivre et d'écaille d'un meuble de Boulle.

La multiplicité des ressources qu'offre alors le décor combiné de relief et de couleur peut être un écueil : car si la forme est suffisamment expressive par elle-même, on risque de la décomposer et de lui faire perdre son caractère par le décor qu'on y applique.

Les artistes grecs, dans leurs vases de terre engobés, les Chinois et les Japonais, dans leurs bronzes enrichis par l'émail cloisonné, dans leurs grès et leurs porcelaines décorés au grand feu, surent toujours garder la mesure.

Les artistes italiens et français de la Renaissance montrèrent parfois moins de goût dans l'exubérance de certaines armures ou de certaines aiguières. C'est en tenant compte des lois de contraste, en faisant valoir par des parties calmes les richesses voisines qu'on évitera de retomber dans ces erreurs.

I

POTERIE ET CÉRAMIQUE ARCHITECTURALE
DE HAUT RELIEF

Les poteries mates et tendres. — Les faïences.
Le grès. — La porcelaine.

L'invention très ancienne du tour a fourni à la poterie son procédé de travail caractéristique : le galbe que prend la terre en montant sous les doigts du potier a une souplesse particulière et permet des finesses de matière que le moulage ne saurait donner.

Le tour ne s'applique toutefois qu'à des objets suffisamment réduits pour que l'artisan puisse les tenir et les élever entre ses mains : les grands vases de terre comportent un montage de boudins de terre roulée soudés manuellement les uns aux autres suivant un profil et régularisés par tournassage.

La composition des vases doit reposer, au point de vue de la forme, d'une part sur les nécessités du tournage, d'autre part sur les données de la capacité du vase par rapport au nombre de fleurs qu'il contiendra, et sur les conditions de stabilité.

Un vase destiné à ne porter que quelques fleurs aura un col très allongé pour guider les tiges et en assurer la position ; il se développera à sa partie inférieure pour contenir la quantité d'eau nécessaire et donner un équilibre suffisant à l'objet.

Un vase destiné à un bouquet volumineux aura un col large et court, une panse élargie pour un volume d'eau important qui ramènera le centre de gravité assez bas pour qu'il soit inutile de donner un empattement à la partie inférieure.

Ainsi il n'y aura pas de proportions fixes entre les hauteurs du col, de la panse, du pied et des anses, et ce sont ces rapports variables qui différencieront un grand vase d'un petit.

D'autre part, le décor de couleur ne doit pas détruire la forme : il suivra les génératrices ou les parallèles ; parfois il pourra s'élever en spirale, mais toujours il évitera de lutter avec le contour ou de chevaucher d'une forme sur l'autre. Le décor par zones des vases grecs, le décor rayonnant des faïences de Rouen obéissaient à ces lois.

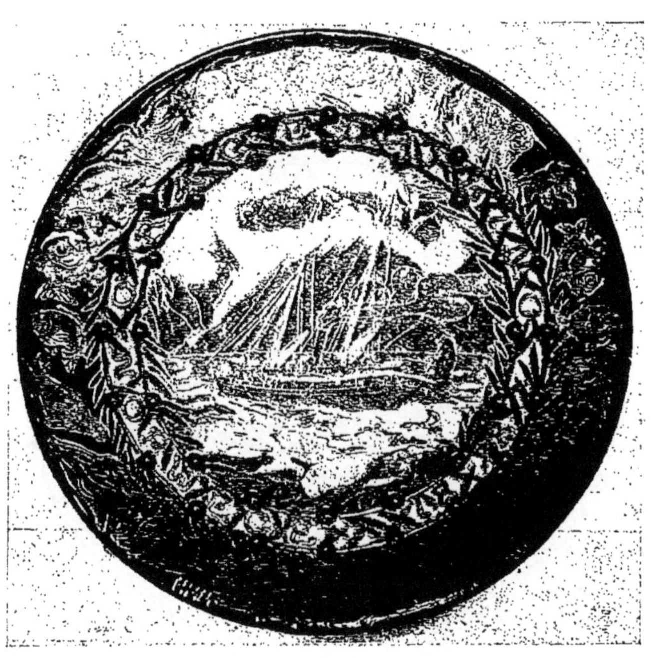

Fig. 38. — Plat en grès émaillé au grand feu.

Pour les services de table, de toilette, qui sont les applications les plus nombreuses du travail de la terre, il ne faut pas que la diminution de dimension que présente, dans un même service, une pièce par rapport à une autre, se traduise par une diminution d'échelle des ornements ; il est nécessaire au contraire, pour l'unité du décor des pièces d'un même service, que l'échelle soit rigoureusement identique : c'est par un groupement plus important des mêmes motifs que le décor d'une assiette peut être mis en accord avec celui d'une soucoupe.

Comme pour la céramique architecturale de revêtement, le décor dépend du degré de cuisson de la pièce : les faïences comportent les procédés d'engobage pratiqués dans la Grèce antique, les procédés d'émaillage usités en Orient, les réductions sur couvertes qui donnaient leurs reflets mordorés aux faïences persanes, hispano-mauresques ou italiennes ; à une cuisson plus élevée correspondent les émaux qu'employait Bernard Palissy ; les faïences fines, qui se développèrent en Angleterre et à Sarreguemines, à Montereau et à Choisy-le-Roi, n'ont pas les inconvénients de porosité communs à toutes les

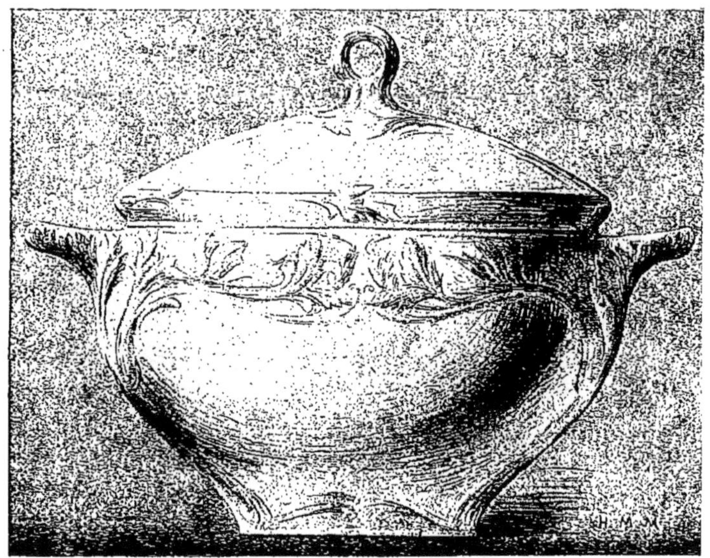

Fig. 39. — Soupière en faïence émaillée (Croquis au tableau).

terres peu cuites ; le grès et la porcelaine, qui possèdent à un degré supérieur les qualités de dureté et d'imperméabilité, prennent une richesse précieuse par les couvertes transparentes, demi-mates ou cristallisées obtenues au grand feu (fig. 38).

Le décor floral se prête à la vaisselle, qu'il égaie comme le montrent les faïences de Rhodes ou de Delft ; et l'étude de la nature pourrait offrir de nos jours des solutions originales et appropriées à un saladier, un légumier ou une soupière (fig. 39).

Mais il faut éviter de décorer par des fleurs figurées des vases destinés à contenir des fleurs naturelles : l'art antique, l'art persan, dans leurs vases de faïence enrichis d'un émail d'un seul ton ou par un décor conventionnel, l'art d'Extrême-Orient, dans ses vases de grès ou de porcelaine dont l'émail donne des coulées et des flammes à la surface de la pièce, ne présentaient pas ce défaut : le même goût fit rechercher, pour les attaches des anses, les formes linéaires ou animales.

Dans la poterie, l'habileté de main que nécessite le tournage de la forme, l'application de l'émail, la conduite de la cuisson, exigent que l'artisan soit un artiste et un technicien. Les mêmes qualités sont nécessaires pour les applications multiples de la terre, comme les statuettes, les fontaines, les poêles, les épis des toitures.

C'est par une harmonie entre la composition et la technique que, de nos jours, on a commencé à abandonner les erreurs telles que d'appliquer à l'admirable matière de grand feu qu'est la porcelaine un décor mesquin de feu de moufle, ou de réduire en biscuit des œuvres sculpturales composées pour le marbre ou le bronze.

II

GOBELETERIE

Les verres soufflés et moulés. — Les verres polychromes.
Le décor par émaillage. — La marqueterie de verre.

Le décor de la gobeleterie obéit aux mêmes lois que le décor de la poterie : les services de verrerie en sont l'application la plus courante, et, que le décor soit obtenu uniquement par la forme donnée au verre incolore ou teinté par les oxydes métalliques, ou qu'il comporte la polychromie des gravures de verres à plusieurs couches et des émaux appliqués sur le verre, le principe de l'unité d'échelle subsiste, comme pour les pièces de vaisselle (fig. 40).

Le mode de fabrication caractéristique du verre a toujours été le soufflage, par lequel furent réalisées ces fioles charmantes qu'on retrouve dans les fouilles.

La plasticité du verre, à une température voisine de la fusion, permet de souder les pieds, les anses, de réaliser les ornements en lacis,

méandres ou spirales qui étaient incorporés dans le verre par le soufflage, comme le montrent les rubanés égyptiens et grecs, ou les fili-
granés des verreries vénitiennes de la Renaissance.

La craquelure, obtenue en versant de l'eau dans la pièce, donne
une préciosité de plus à la matière.

Dès l'antiquité, on soufflait le verre dans des moules en bois, sou-

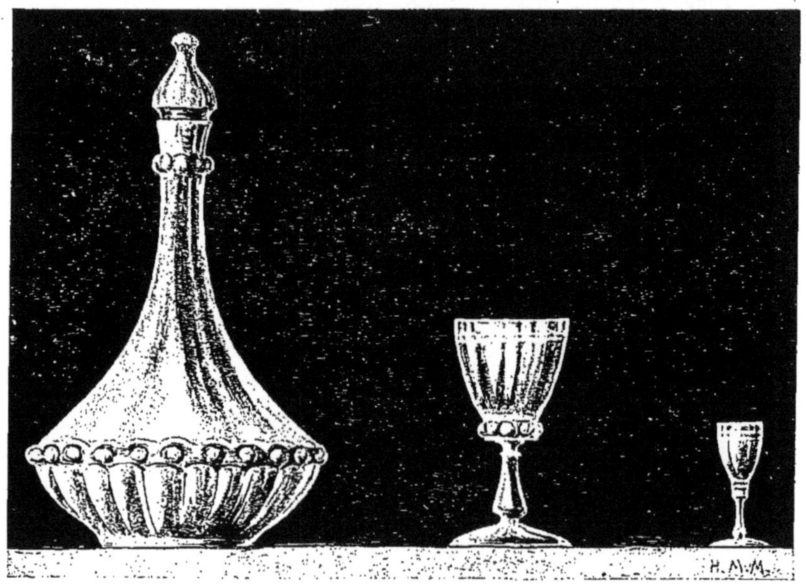

Fig. 40. — Service de verrerie en verre soufflé dans des moules.

vent exécutés aujourd'hui en fonte ou en laiton garni de poussier de
bois pour éviter l'adhérence de la matière vitreuse ; le soufflage du
verre dans des moules présente maintenant de nouvelles ressources,
grâce à la puissance de la soufflerie mécanique.

Le décor polychrome que les anciens ou les Vénitiens du XVIe siècle
cherchaient à réaliser dans la masse, les Arabes l'avaient trouvé dans
l'emploi d'émaux colorés très fusibles posés dans un trait de sertis-
sage à la surface des lampes, des vases, des aiguières, des coupes ;
en Poitou et en Anjou, plus tard en Suisse et en Allemagne, ce procédé fut employé, notamment pour le décor par des armoiries.

La taille et la gravure à la meule, connues des verriers d'Alexandrie qui réalisaient des camées en dégageant la couche supérieure de verres gravés, pratiquées pour les coupes et pour les cristaux des lustres depuis le XVIIIe siècle en Bohême, en Angleterre et à Baccarat, donnent des jeux de lumière si le verre est incolore et des variétés de nuances si le verre est à plusieurs couches de colorations différentes ; de nos jours, c'est par l'acide fluorhydrique qu'est réalisée la gravure.

Le travail du verre soufflé exige de la part des ouvriers une grande dextérité, en raison du temps très court pendant lequel la pâte vitreuse reste malléable et des moyens très simples employés, rotation de la canne, pression de la pince : il demeure celui qui caractérise le mieux l'emploi du verre, parce qu'il lui conserve ses qualités de transparence et de légèreté, dont les anciens surent faire un charmant usage, utilisant l'affaissement régulier de la matière pour modeler la forme, pour obtenir des cannelures ou des godrons.

Les procédés modernes d'incrustation à chaud, de gravure, de ciselure, de taille, pratiqués en France, les recherches de reflets métalliques faits en Amérique et en Autriche, le moulage à la presse qui permet d'exécuter en verre des bas-reliefs, ne sont pas à rejeter ; mais ils donnent au verre une épaisseur, parfois une matité qui ne le caractérisent peut-être pas aussi bien.

III

INCRUSTATION ET DAMASQUINAGE DES MÉTAUX

L'idée de décorer une matière quelconque par l'insertion de métaux donnant des ornements d'une coloration brillante se retrouve dans tous les temps, comme l'ont révélé les poignards de Mycènes ou les agrafes de ceintures provenant des tombes mérovingiennes, et dans tous les pays, ainsi que le montrent les figures au trait qui ornent les pierres tombales de nos églises.

De nos jours, des ébénistes ont réalisé une décoration très délicate en coulant l'étain dans des gravures faites sur les pieds ou les tablettes des meubles.

L'emploi le plus répandu du décor par l'application de métaux précieux est celui qui enrichit un autre métal par incrustation dans les dégagements de ce métal, ou par damasquinage à la surface des champs. A ces deux procédés l'invention moderne du dépôt galvano-plastique en a ajouté un troisième qui présente plus de régularité mais moins d'accent.

C'est dans l'art persan et dans l'art arabe que le décor d'incrustation ou de damasquinage a pris un grand développement : suivant l'esprit oriental, des méandres curvilignes ou rectilignes disposés par zones décoraient la surface ; le plus souvent ils étaient exécutés directe-ment sans report de dessin, grâce à des centres de figures et des recoupements. Ainsi étaient réalisés des médaillons comportant des personnages ou des animaux ; les fonds étaient gravés et hachurés, ou décorés de fleurettes et de feuilles. Ce décor, qui s'appliquait aux coupes, aux bassins, aux aiguières, passa, après les Croisades, dans l'art occidental : en Italie, en Espagne, en France, il fut utilisé pour les coffrets, pour la serrurerie fine.

Ce qui fait la valeur artistique des objets orientaux, c'est que les artistes avaient su comprendre que ce décor de surface si riche devait nécessairement, par opposition, s'appliquer à des formes simples : les coupes persanes, qui ne comportent ni sur le pied ni sur la panse aucune moulure et ne valent que par une forme d'une admirable pureté, enrichie d'une bande d'inscriptions réalisée par insertion de métal précieux, sont parmi les objets d'art les plus parfaits qui puissent servir de modèles pour l'éducation du goût.

IV

ÉMAILLAGE DU MÉTAL

ÉMAUX TRANSLUCIDES ET OPAQUES

L'émail cloisonné. — L'émail champlevé. — L'émail de basse taille. L'émail peint.

Les émaux broyés en poudre fine et employés sous forme de pâte légèrement humectée sont d'une grande fusibilité : ils sont translu-cides ou opaques.

Si l'émail fut employé de toute antiquité pour le décor de la céramique, son application au métal consistait alors en incrustation d'émail taillé : c'est ainsi qu'il jouait le rôle de pierres précieuses dans les bijoux égyptiens.

Dans l'émail cloisonné, qui fut pratiqué en France dès l'époque carolingienne et fut constamment employé en Extrême-Orient, les cloisons qui forment le dessin sont fixées, à l'aide d'un fondant, sur le métal qui sert de support. Ces émaux sont, le plus souvent, opaques ; cependant un des plus beaux exemples de ce travail est l'Évangéliaire de Saint-Denis, conservé au Louvre, œuvre du xe siècle, dont les émaux translucides sont cloisonnés sur fond d'or. De nos jours, on exécute le cloisonné à jour, en détruisant à l'acide le support provisoire, ce qui a l'inconvénient de faire des pièces très fragiles : il vaut mieux repercer la feuille d'or qui constitue alors des cloisons solides.

L'émail champlevé, très usité en Extrême-Orient, fut appliqué dès le xie siècle, à Limoges comme sur les bords du Rhin, suivant des principes analogues à ceux employés par les Orientaux, qui remplissaient souvent d'émail noir les fonds du décor de leurs vases ; on remplissait d'émaux colorés les creux défoncés par la gravure entre les champs réservés ; dès le xiie siècle, on associait le travail de l'émail au travail du repoussé : ainsi furent composés les triptyques, les châsses, les couvertures d'évangéliaires, les ciboires, les chandeliers, les crosses, les plaques tombales qui ornent nos églises et nos musées.

L'émail de basse-taille répondait, au xive siècle, en France, en Italie et en Allemagne, aux tendances réalistes de l'art : on couchait l'émail translucide sur des fonds de métal gravé et repoussé modelant les draperies des personnages.

L'émail peint a fait son apparition en France quand notre art a commencé à être influencé par l'art italien : c'est un véritable tableau, peint avec des couleurs vitrifiables, et le métal, entièrement recouvert, n'a plus qu'un rôle de support. Les procédés très variés de l'émail peint, selon que le fond est clair ou foncé, qu'on couche l'émail noir d'or en poudre, qu'on introduit des paillons, ont fait la renommée de Léonard Limousin et de Pénicaud : c'est dans les portraits, tels que ceux du connétable de Montmorency, d'Éléonore d'Autriche, que nos maîtres émailleurs se distinguèrent le plus.

L'émail reste une des formes d'art les plus précieuses ; il faut se souvenir toutefois que, par sa richesse même, il exige une grande retenue pour ne pas tomber dans les exagérations, telles qu'en pré-

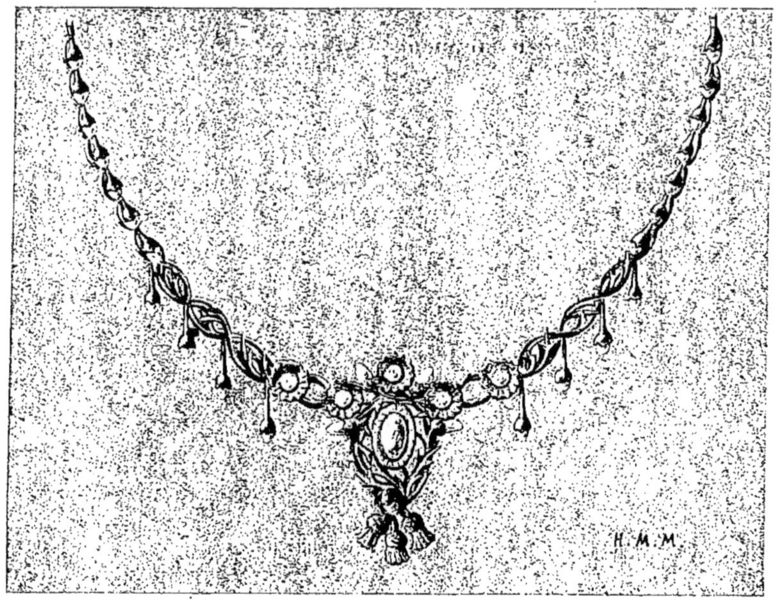

Fig. 41. — Collier en or, opale, perles et émail.

sente le décor du fameux bouclier de Charles IX, qui est plus luxueux qu'artistique.

<h1 style="text-align:center">V</h1>

BIJOUTERIE-JOAILLERIE

L'art du bijoutier et celui de l'orfèvre sont restés longtemps voisins : les bracelets égyptiens, les couronnes espagnoles du temps des Goths, la statue de sainte Foy conservée à Conques, les reliquaires de Charroux ou la Couronne du Paraclet conservée à Amiens relèvent à la fois de l'un et de l'autre ; les méthodes de travail étaient identiques : on découpait, on reperçait, on repoussait, on ciselait la feuille de métal ; les chatons étaient emboutis. De tout temps on sut étirer l'or en fils, en former des perles composées de demi-sphères soudées. A ces procédés s'alliaient la fonte, l'estampage de petites pièces rapportées et soudées.

Au métal précieux on avait associé, de toute antiquité, les émaux, les perles, les pierres fines. La taille des pierres, qui est d'invention relativement récente, fut l'origine des procédés de travail modernes de la bijouterie. La nécessité de laisser toute leur importance aux gemmes a déterminé les procédés de doublage du métal qui augmentent sa solidité sous une très faible section ; pour dégager le dessous des pierres et leur donner leur valeur de transparence, on pratique à la scie la mise à jour carrée des trous percés au foret pour les recevoir ; pour la monture à griffes, on découpe à la scie le bord supérieur, puis le bord inférieur du chaton auquel on soude la bâte qui sert à fixer la pierre sur le corps du bijou.

Pendant le xixᵉ siècle, on s'est trop préoccupé de la valeur intrinsèque des pierres et pas assez de la forme artistique des parures.

De nos jours, des novateurs ont réagi avec raison contre des formes qui étaient communes et désuètes ; ils ont très justement cherché à remettre en honneur les procédés d'émaillage, à employer les pierres même de peu de valeur, à ne pas abuser des tailles qui, depuis le xviiiᵉ siècle, comportaient des facettes en contradiction avec la forme cristalline rhomboédrique et à reprendre la tradition suivant laquelle, au xviᵉ siècle, les bijoutiers français, allemands ou italiens se préoccupaient de composer un bijou pour la mise en valeur d'une pierre de forme particulière ; ils se sont efforcés de retrouver dans la nature l'inspiration que les artistes anciens y avaient puisée pour les fleurs de lotus des colliers égyptiens, pour les mouches et les têtes de lion des bijoux grecs, pour les fleurs et les coquilles qui forment la boîte des charmantes montres françaises du xviᵉ siècle.

Mais souvent ils ont trop songé à mettre en valeur leurs œuvres, alors que le rôle d'un bijou est avant tout de rehausser l'éclat de la peau.

Il ne faut pas oublier que les pectoraux égyptiens figurant des éperviers, les fermaux du moyen-âge représentant des aigles aux ailes éployées, étaient des parures de vêtements qui pouvaient sans inconvénient être volumineuses et lourdes ; pour les bijoux à appliquer sur la peau, il faut se garder des formes agressives et compliquées, et rechercher la grande légèreté qu'enseignent les bonnes traditions de la technique (fig. 41).

VI

MOBILIER

Le bois plaqué. — L'ébénisterie. — La marqueterie.
L'emploi de matériaux variés pour les meubles,
les appareils d'éclairage, d'horlogerie.

L'Art du mobilier est devenu singulièrement complexe depuis qu'à l'époque de la Renaissance on a remplacé le décor de construction par un décor d'applique.

Jusque-là, de même qu'un plafond tirait sa décoration de la construction de ses poutres et de ses solives, un meuble l'empruntait à la structure de ses bâtis et de ses traverses, le fer forgé ou le bronze formait le support d'un appareil d'éclairage, les horloges portatives étaient entièrement métalliques, comme le mécanisme lui-même, et tiraient leur silhouette du cadran, des timbres, des marteaux.

Lorsque toutes les matières, bois, marbre, métal, ivoire, nacre, écaille, laque, peinture, furent combinées sur un seul objet pour former un ensemble harmonieux dans lequel la construction ne jouait plus qu'un rôle de support entièrement caché par l'ornementation d'applique, les procédés de décoration, n'étant plus astreints à des nécessités de structure, offrirent des ressources infinies, qui n'avaient plus pour frein que le goût.

Aussi, après avoir donné à l'art du mobilier, du xvie au xviiie siècle, un épanouissement tel qu'on n'en avait jamais vu de semblable, cette profusion de moyens devait être une cause de décadence ; c'est par un retour à des principes sains de composition qu'on peut aujourd'hui déraciner des erreurs qui datent de plus d'un siècle.

S'il s'agit d'horlogerie, le programme comporte, en premier lieu, l'indication de l'heure ; qu'on étudie les horloges portatives du xvie siècle, les cartels dont le pied et le cadre en marqueterie de cuivre et d'écaille rehaussée de bronze laissent voir le balancier sous un cadran très développé aux heures d'émail, ou la jolie pendule de la chambre de la Reine au Petit Trianon, c'est toujours l'indication de l'heure qui, dans les belles œuvres anciennes, domine toute la composition et s'impose au regard.

En outre, la forme d'une horloge dépend de son mécanisme ; les gaines sculptées du xviie siècle, les gaines en marqueterie du xviiie, étaient l'expression artistique de la nécessité mécanique du poids employé comme moteur ou du pendule servant de régulateur ; souvent les rouages mêmes étaient apparents et ce n'était pas un élément négligeable de la composition.

Quels que soient les matériaux mis en œuvre, quelque riche que soit la composition, c'est par une expression franche du programme qu'on peut trouver une solution d'art et non en prenant une horloge pour prétexte à une allégorie guerrière ou sentimentale.

Il en est de même pour les appareils d'éclairage : quand, sous Louis XIV, un groupe d'enfants formait le trépied d'une torchère monumentale, les dimensions de l'œuvre, l'emplacement auquel elle s'appliquait, justifiaient l'emploi de ces figures ; quand on réduisit au minimum l'ossature des lustres pour développer un décor de girandoles et de pendeloques de cristal taillé, l'idée de faire entrer dans la composition d'un appareil d'éclairage des éléments de verre réfléchissant la lumière était excellente.

Aujourd'hui, pour l'éclairage électrique, l'emploi du verre est devenu une nécessité : c'est en tirant parti des ampoules du commerce pour en faire le centre lumineux d'une enveloppe ornée en verre incolore ou coloré, c'est par la combinaison de la monture en trois pièces avec l'ossature décorative de métal qui la recevra et ne devra, en aucun cas, faire obstacle à la diffusion de la lumière, c'est par le groupement heureux des lampes, par la création, à l'aide du vitrail, de plafonds lumineux qu'on trouvera des solutions artistiques.

Les mêmes principes de logique nous guideront pour les meubles eux-mêmes. Nous ne saurions nous priver de toutes les ressources de l'ébénisterie moderne ; mais nous devrons, pour les appliquer judicieusement, mettre en accord le programme, la matière, la structure et le décor.

L'idée de décorer le bois par le métal est bien antérieure à l'invention du placage des bois ; elle a correspondu, dès le xıı⁰ siècle, à l'obligation de consolider les meubles ou les coffres en bois d'assemblage par des bandes de fer ou de cuivre : de cette nécessité résulta l'emploi des ferrures ornées qui soutiennent les menuiseries, en permettent l'ouverture et la fermeture. Cette nécessité devint plus impérieuse quand l'art français emprunta à l'art italien de la cathédrale de Lucques ou de la chartreuse de Pavie, pour les lambris de la chapelle du château d'Écouen ou pour les stalles de la chapelle du château de Gaillon, l'usage de la marqueterie.

Lorsque, sous Louis XIII et sous Louis XIV, on fit des tables, des armoires, des meubles d'appui, des consoles où l'écaille et le cuivre découpés furent appliqués sur un fond de bois formant membrure, il fallut renforcer les angles et les arêtes par l'emploi du bronze doré, dont le décor en saillie tirait sa valeur de son opposition avec le décor à plat de marqueterie : le bronze fut employé pour les poignées, pour les serrures. L'ampleur des formes et la fermeté des contours caractérisaient les meubles de Boulle ; la délicatesse était la qualité des bureaux plats, des tables à ouvrage d'Oeben et de Riesener, enrichies par les bronzes de Gouthière ou de Duplessis.

A côté de la marqueterie se développait le décor de peinture et de laque qui s'appliquait aux instruments de musique, comme les épinettes et les clavecins ; ce décor tombait dans des exagérations critiquables quand il chevauchait des tiroirs sur les traverses, comme dans certaines commodes Louis XV.

Après la pauvreté d'imagination montrée au siècle dernier, où l'on ne sut que copier des styles anciens, le moyen de rénover aujourd'hui l'art du meuble est de ne pas considérer les appliques de métal comme des pièces de rapport indépendantes de la construction, mais comme des pièces nécessaires aux assemblages, au tirage, à la suspension et à la fermeture des portes et des tiroirs, à la protection des pieds.

De même, c'est aux panneaux que convient la marqueterie, et la membrure des meubles doit rester en bois plein pour garder son caractère apparent et réel de solidité.

La marqueterie qui, par le sciage, le tranchage ou le déroulage des bois, fait valoir leurs ramages, précieux comme ceux des marbres, offre les tons les plus puissants et les plus harmonieux, à condition qu'on ne colore pas le bois artificiellement, ce qui a l'inconvénient de

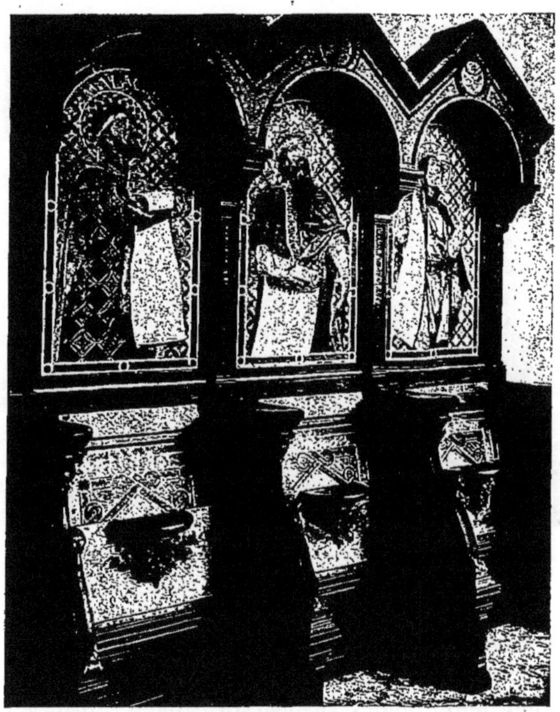

Fig. 42. — Panneaux de marqueterie décorant des stalles.

créer des nuances fausses ne présentant pas l'harmonie qu'ont entre eux les bois naturels.

L'ouvrier, en maniant la scie, doit avoir une grande dextérité pour que les contours concordent exactement ; il doit aussi montrer beaucoup de goût dans le sens choisi pour placer le dessin sur le feuillet de bois ; comme pour les veines des feuilles de verre dans le vitrail, le choix des veines du bois crée le modelé d'une fleur ou le dessin d'une figure ou d'une draperie (fig. 42).

S'il faut, dans l'ameublement, éviter les formes qui ne répondent

qu'à la fantaisie et sont aussi incommodes pour l'usage qu'irration-
nelles au point de vue de la construction, il ne faut pas non plus com-
pliquer les programmes : il est bien assez difficile de composer une
table, avec les alliances de bois et de métal qu'elle comporte, ou un

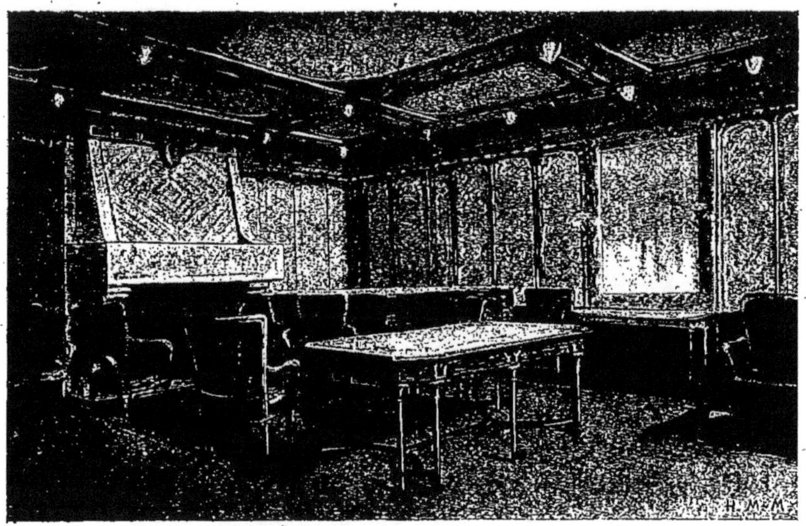

Fig. 43. — Décoration d'un salon.

siège avec les harmonies de bois et d'étoffe qu'il exige ; si l'on veut,
comme on l'a vu naguère, faire une table qui se combine en même
temps avec une bibliothèque et avec un canapé, on ne saurait, de ces
idées confuses, rien tirer de clair.

L'étude de l'ameublement est une des plus attachantes : c'est dans
l'ameublement que la rénovation de notre art s'affirmera d'une manière
complète, parce qu'il est d'application courante, comporte le décor
fixe d'une pièce en même temps que son mobilier, et met en œuvre
toutes les matières et tous les métiers (fig. 43).

VII

JOUETS

Parmi les industries qui mettent en œuvre toutes les techniques, on ne saurait laisser de côté celle des jouets, tant sont grandes la place qu'elle tient en France et en particulier à Paris, et l'influence qu'elle peut avoir sur le développement du goût enfantin.

Il suffit de se rappeler les jouets grecs en terre cuite, si artistiques et si spirituels, la délicatesse des poupées habillées à la Renaissance des plus charmantes étoffes, pour apprécier le caractère d'art que peuvent présenter les jouets.

S'ils doivent développer le goût des enfants, ils sont aussi, pour eux, le diminutif du monde, ils apprennent au petit citadin ce qu'il ignore de la campagne, de la mer, et des races qui peuplent la terre. En même temps, ils sont le reflet de l'évolution des mœurs : la mécanique y a fait de bonne heure son apparition avec les jouets articulés, puis avec les automates ; la vapeur puis l'électricité sont intervenus.

L'industrie française a, là encore, une lutte à soutenir contre la concurrence allemande qui existait déjà à la Renaissance.

Dans ces dernières années, le jouet français se révélait plus fin, plus spirituel, plus ingénieux que jamais ; récemment sa tendance à la caricature s'est peut-être exagérée, amusant plus les grands que les petits et lui faisant par suite manquer son but.

C'est par l'observation sincère de la réalité que le jouet doit se réserver et se développer : on ne saurait comprendre qu'on continuât à voir aux devantures des locomotives ou des wagons d'un type archaïque, des boîtes de construction ou des meubles de poupée d'un style aussi désuet que contestable. Cette observation sincère permettra notamment de renouveler le jouet à bon marché fait de silhouettes qui peuvent être singulièrement expressives sans être grotesques.

Les artistes japonais, par le charme de leurs poupées, par l'ingéniosité du mécanisme de leurs petites ombrelles en bois, par la vie des petites tortues dont les membres oscillent, nous ont montré comment la finesse de l'observation et du goût peuvent réaliser, à bon marché, des jouets exquis.

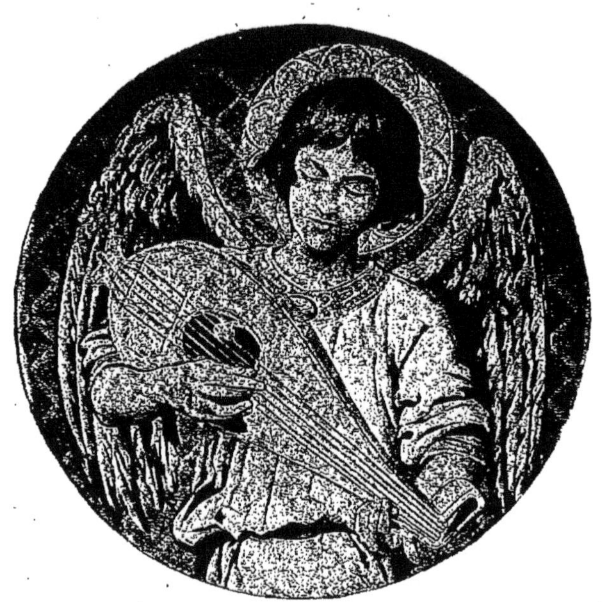

Fig. 44. — Peinture sur bois avec ors gaufrés.

MÉTHODE D'ENSEIGNEMENT

I

ENSEIGNEMENT ORAL

Projections. — Dessins au tableau. — Modèles d'exécution.

Pour la présentation des documents pris sur la nature et des exemples tirés d'œuvres anciennes ou modernes, les projections permettent de placer et de juxtaposer, sous les yeux des élèves, des motifs ou des monuments que leur éloignement ou leur dispersion les empêcheraient de jamais connaître : c'est la réalisation, sans limite, de la méthode fructueuse d'enseignement introduite par la création du musée de sculpture comparée.

La projection présentant la synthèse de l'objet réalisé a pour complément indispensable le croquis d'analyse au tableau qui reconstruit l'objet, pièce par pièce, qui en fait ressortir les éléments essentiels de structure, dégagés de tout décor, qui montre comment ce décor vient s'adapter à la structure, et qui fait ainsi renaître l'œuvre en présence des élèves (fig. 21).

Le croquis d'analyse au tableau n'est pas moins utile pour faire saisir les leçons tirées de la nature.

Enfin c'est le seul moyen de montrer comment, partant d'un programme moderne déterminé, on peut arriver à une forme d'art.

La projection et le croquis ne donnent souvent qu'une idée insuffisante de la matière, et les modèles d'exécution, extraits du Musée du Conservatoire, des collections ou des ateliers privés, mettant les élèves à même de voir, de toucher l'objet, les incitent à prendre goût à la technique.

Il peut être intéressant, d'un cours à l'autre, de montrer la composition d'une pièce, puis son exécution, afin de présenter d'une manière concrète le passage de l'une à l'autre.

II

APPLICATIONS DU COURS ORAL

Etude des œuvres anciennes et modernes. — Visite des monuments, des musées et des expositions.

La visite des monuments, des musées et des expositions est souvent fructueuse, à la suite d'un cours. Les renseignements donnés au cours permettent aux élèves d'apprécier des objets qui n'auraient pas, jusque là, retenu leur attention ; ces objets les charment d'autant plus qu'ils n'en avaient compris l'intérêt qu'au vu d'une reproduction et que l'attrait de la matière elle-même leur apparaît.

Autant une visite est inutile, si elle n'est qu'une flânerie sans but, autant elle peut éveiller des idées profitables, si elle est l'illustration des principes récemment entendus.

Étude de la nature. — Composition. — Atelier de dessin et de modelage.

L'enseignement du cours oral, qui développe le goût, serait insuffisant pour former des artistes et des artisans s'il n'était complété par l'enseignement de l'atelier.

Ce n'est qu'à l'atelier du dimanche que le professeur peut attirer l'attention des élèves sur les ressources qu'offrent les moindres fleurs, les moindres branchages, à qui veut les étudier avec conscience : ce n'est que là qu'il peut leur inculquer l'amour de la sincérité.

Après avoir vu comment les maîtres passés ont trouvé la solution artistique des problèmes qu'ils avaient à résoudre, comment le professeur a réalisé sous leurs yeux une composition moderne, il faut que les élèves s'y essaient eux-mêmes, les uns pour prendre confiance en eux-mêmes, les autres pour se rendre compte de difficultés qu'ils ne soupçonnaient pas.

C'est dans la composition de programmes donnés d'un dimanche à l'autre que le professeur peut voir les tendances, l'esprit inventif, les défauts et les qualités de chacun, et donner à chacun, selon son tempérament, une direction : par l'exposition des compositions, par la correction des dessins ou des modelages en présence des élèves naît l'émulation nécessaire aux progrès (fig. 45).

Exécution. — Ateliers d'apprentissage. — Visite des ateliers.

Lorsque l'élève a trouvé une solution heureuse d'un programme donné, qu'il l'a exprimée par le dessin ou par le modelage ou l'a même conduite, dans ce dernier cas, jusqu'au réparage du plâtre, il est indispensable de pousser l'œuvre jusqu'à l'exécution.

Le cas le plus favorable sera celui où l'élève est apprenti dans un atelier où l'on traite la matière choisie, car c'est grâce aux progrès réalisés par lui parallèlement dans la composition et dans la technique, dans la théorie et dans la pratique, qu'il deviendra un maître.

Pour les élèves qui ne sont pas apprentis, l'enseignement prendrait un côté pratique qui le rendrait singulièrement vivant s'il était possible qu'au Conservatoire même ils pussent tourner un vase de terre, exécuter un émail ou repousser le métal.

A défaut d'ateliers existant sur place, les ateliers industriels doivent y suppléer et faire l'objet de fréquentes visites. Le travail manuel ou mécanique des métiers d'art est si attachant que la vue seule des œuvres en voie de réalisation peut susciter une vocation ; la visite d'un atelier sera encore plus intéressante si les élèves y voient réaliser les œuvres composées par eux : pour ceux qui deviendront des exécutants comme pour ceux qui composeront des modèles ou pour ceux qui se voueront à l'enseignement, sera là une précieuse leçon : car c'est là que le regret vient d'avoir demandé à la matière plus

qu'elle ne pouvait donner ou de ne pas avoir su profiter de toutes ses
ressources, et c'est là aussi qu'on ressent la joie d'avoir créé une
œuvre.

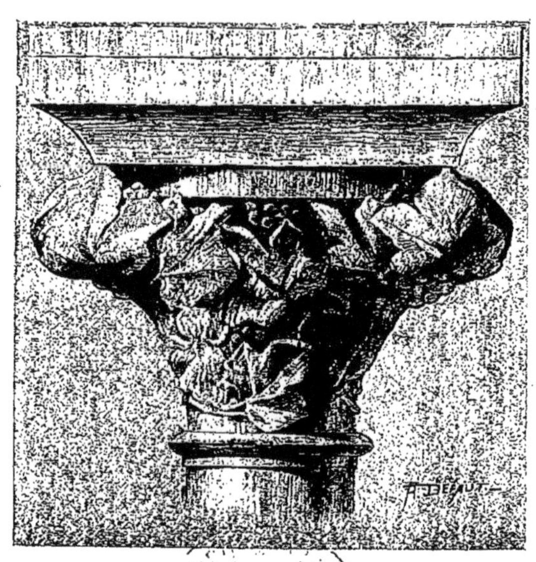

Fig. 45. — Chapiteau en pierre.
Composition par Mlle A. D. (Atelier du dimanche matin).

Nota. — Toutes les illustrations, sauf de la fig. 1 à la fig. 10 et sauf la fig. 45, repro-
duisent des dessins ou des œuvres de l'auteur.

TABLE DES CHAPITRES

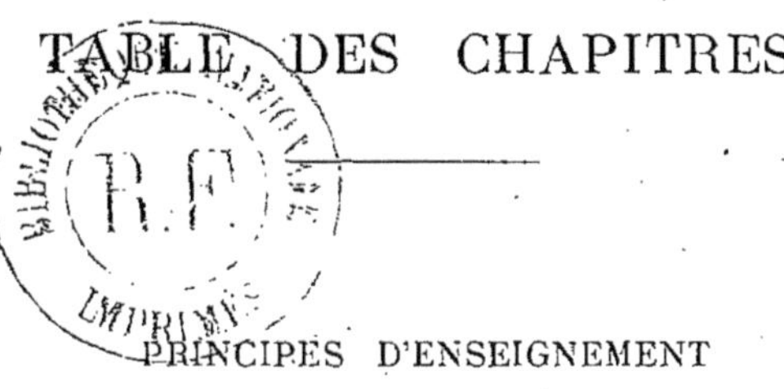

PRINCIPES D'ENSEIGNEMENT

PROGRAMME DE COURS

CLASSIFICATION DES MÉTIERS PAR TECHNIQUES

DÉCOR DES VOLUMES

Relief. Décor de la Matière par elle-même.

DÉCOR DES SURFACES

DÉCOR COMBINÉ DE RELIEF ET DE COULEUR

MÉTHODE D'ENSEIGNEMENT